BESTACTIVITYBOOKS.COM

Copyright © 2022 LINGUAS CLASSICS

Tous droits réservés. Aucune partie de ce livre ne peut être reproduite
ou utilisée de quelque manière que ce soit sans l'autorisation écrite du
détenteur des droits d'auteur, sauf pour l'utilisation de citations dans
une critique de livre.

PREMIERE ÉDITION

Dépôt légal, 2022

Illustration Graphique Extra: www.freepik.com
Merci à Alekksall, Starline, Pch.vector, Rawpixel.com,
Vectorpocket, Dgim-studio, Upklyak, Macrovector,
Stockgiu, Pikisuperstar & Freepik.com Designers

Découvrez des Jeux Gratuits en Ligne

Disponible Ici :

BestActivityBooks.com/FREEGAMES

5 ASTUCES POUR DÉMARRER !

1) COMMENT RÉSOUDRE LES MOTS MÊLÉS

Les puzzles sont dans un format classique :

- Les mots sont cachés sans espaces, tirets, ...
- Orientation : Les mots peuvent être écrits en avant, en arrière, vers le haut, vers le bas ou en diagonale (ils peuvent être inversés).
- Les mots peuvent se chevaucher ou se croiser.

2) UN APPRENTISSAGE ACTIF

Un espace est prévu à côté de chaque mots pour noter la traduction. Pour favoriser un apprentissage actif un **DICTIONNAIRE** à la fin de cette édition vous permettra de vérifier et étendre vos connaissances. Cherchez et notez les traductions, trouvez-les dans le Puzzle et ajoutez-les à votre vocabulaire !

3) MARQUEZ LES MOTS

Vous pouvez inventer votre propre système de marquage. Peut-être en utilisez-vous déjà un ? Sinon, vous pourriez, par exemple, marquer les mots qui ont été difficiles à trouver d'une croix, ceux que vous avez aimés d'une étoile, les mots nouveaux d'un triangle, les mots rares d'un diamant, etc...

4) STRUCTUREZ VOTRE APPRENTISSAGE

Cette édition vous offre un **CARNET DE NOTES** très pratique à la fin du livre. En vacances ou en voyage ou à la maison, vous pouvez facilement organiser vos nouvelles connaissances sans avoir besoin d'un second bloc-notes !

5) VOUS AVEZ FINI TOUTES LES GRILLES ?

Allez à la section bonus **CHALLENGE FINAL** pour trouver un jeu gratuit à la fin de cette édition !

Simple et Rapide ! Découvrez notre collection de livres d'activités pour votre prochain moment de détente et **d'apprentissage**, à juste un clic de distance !

Trouvez votre prochain défi sur :

BestActivityBooks.com/MonProchainLivre

À vos marques, prêts... Partez !

Saviez-vous qu'il existe environ 7 000 langues différentes dans le monde ? Les mots sont précieux.

Nous aimons les langues et avons travaillé dur pour créer les livres de la plus haute qualité pour vous. Nos ingrédients ?

Une sélection des thématiques d'apprentissage adaptée, trois belles parts de divertissement, puis nous ajoutons une cuillère de mots difficiles et une pincée de mots rares. Nous les servons avec soin et un maximum de plaisir pour vous permettre de résoudre les meilleurs jeux de mots mêlés qui soient et d'apprendre en vous amusant !

Votre avis est essentiel. Vous pouvez participer activement au succès de ce livre en nous laissant un commentaire. Nous aimerions vraiment savoir ce que vous avez préféré dans cette édition !

Voici un lien rapide qui vous mènera à la page d'évaluation de vos commandes :

BestBooksActivity.com/Avis50

Merci pour votre aide et amusez-vous bien !

De la part de toute l'équipe

1 - Été

```
M  C  P  H  R  S  A  N  D  A  A  L  I  T
U  A  U  P  E  R  H  E  V  A  P  A  A  B
S  M  U  E  N  O  F  B  B  G  E  Y  M  O
I  P  T  L  T  Q  Z  R  M  B  U  A  I  D
I  I  A  I  O  S  N  M  U  E  G  D  S  A
K  N  R  T  U  M  P  A  S  O  R  K  I  P
K  G  H  N  T  R  A  T  U  R  K  I  L  O
I  A  A  L  U  Z  L  K  K  A  I  A  K  K
F  O  K  S  M  Y  V  U  E  N  R  P  V  O
A  F  W  B  I  S  T  S  L  T  J  V  P  K
B  K  W  Z  N  T  A  T  L  A  A  F  V  E
Y  T  C  C  E  Ä  W  A  U  V  T  I  P  K
A  E  O  G  N  V  T  A  S  H  O  A  V  T
V  E  G  C  T  Ä  H  T  I  H  M  J  B  V
```

YSTÄVÄ   MERI
CAMPING   MUSIIKKI
TÄHTI   RUOKA
PERHE   RANTA
PUUTARHA   SUKELLUS
PELIT   RENTOUTUMINEN
ILO   SANDAALIT
KIRJAT   LOMA
VAPAA   MATKUSTAA

2 - Adjectifs #2

```
L U O V A U V D H F C L V L
C Z G Y C N V R C Y Y A O U
Y L P E Ä E Ä A I T O H I O
C K U T Y L S M H L J J M N
V U H Y K I T A J V D A A N
E U D Y U A U A T I A K K O
K L A L V S U T A L J A A L
U U S I A R L T Z L W S S L
I I Q K U D L I T I A J R I
V S L Ä S Y I N K E Y K K N
A A S S P R N E Y S R H G E
S A K F V J E N O H B V R N
S U O L A I N E N N P B E G
G T U O T T A V A P W U R K
```

AITO	UUSI
KUULUISA	TUOTTAVA
LUOVA	VOIMAKAS
KUVAUS	PUHDAS
LAHJAKAS	VASTUULLINEN
DRAMAATTINEN	TERVE
TYYLIKÄS	SUOLAINEN
YLPEÄ	VILLI
VAHVA	KUIVA
LUONNOLLINEN	UNELIAS

3 - Exploration

```
H  W  W  I  J  D  T  R  T  K  T  I  L  A
E  U  F  W  Ä  R  J  Q  W  D  Z  M  U  T
K  F  U  Q  N  F  O  Z  S  Q  B  A  U  O
O  R  F  S  N  W  P  H  A  Y  W  T  P  I
L  I  V  H  I  I  P  R  K  G  J  K  U  M
Z  Ö  K  C  T  L  I  G  I  E  F  U  M  I
D  T  Y  Y  S  A  C  E  R  U  S  U  N
B  N  W  T  S  V  I  L  L  I  B  T  S  T
B  K  W  G  Ö  H  L  U  I  I  M  A  T  A
T  U  N  T  E  M  A  T  O  N  D  A  J  A
P  Ä  Ä  T  T  Ä  V  Ä  I  S  Y  Y  S  F
E  L  Ä  I  M  E  T  V  A  A  R  A  T  G
V  A  A  R  A  L  L  I  N  E  N  P  F  P
K  A  U  K  A  I  N  E  N  L  S  W  L  L
```

TOIMINTA	UUPUMUS
ELÄIMET	TUNTEMATON
OPPIA	KIELI
ROHKEUTTA	KAUKAINEN
VAARAT	UUSI
LÖYTÖ	VAARALLINEN
PÄÄTTÄVÄISYYS	VILLI
TILA	MAA
JÄNNITYS	MATKUSTAA

4 - Formes

```
M  O  N  I  K  U  L  M  I  O  U  O  N  S
O  S  C  Q  E  D  I  K  N  E  L  I  Ö  U
K  O  L  M  I  O  N  K  U  P  U  E  Y  O
K  K  B  E  I  Y  J  A  D  U  C  L  F  R
Y  D  A  G  H  S  A  R  V  W  T  L  E  A
A  M  U  A  Y  G  D  T  N  P  M  I  S  K
S  P  P  Y  P  R  B  I  J  Y  H  P  O  U
E  R  H  Y  E  J  V  O  C  R  T  S  I  L
S  I  D  E  R  R  E  U  N  A  T  I  K  M
I  S  S  C  B  Ä  L  K  J  M  K  W  E  I
Y  M  J  F  E  K  A  A  R  I  Ä  J  A  O
V  A  K  U  L  M  A  T  G  D  Y  S  N  I
I  C  W  N  I  C  A  Y  U  I  R  W  J  U
S  Y  L  I  N  T  E  R  I  K  Ä  I  G  J
```

KAARI
REUNAT
NELIÖ
YMPYRÄ
KULMA
KÄYRÄ
KARTIO
SIDE
KUUTIO
SYLINTERI

ELLIPSI
HYPERBELI
LINJA
SOIKEA
MONIKULMIO
PRISMA
PYRAMIDI
SUORAKULMIO
KOLMIO

5 - Salle de Bains

```
P Z W G K S I E N I U W B V
W Y W P T K H I E S B N C V
A I Y V A E H A H F L U I E
S U I H K U A H M S Q Y O S
S A K S E T J Ö A P E I L I
V O I D E V U Y T M O K L C
T H I U M Y V R T N O O R P
T E A C Q G E Y O U V N K E
D W D N B G S M K E Q L Y W
J Q T Q A V I N N L Q B L T
K U P L I A K N S L A J P S
H I S G Y S A I P P U A Y U
U S A D R D P N R V R O K C
R M E W N U Y L S C B W W C
```

KYLPY	HAJUVESI
KUPLIA	HANA
SAKSET	SAIPPUA
SUIHKU	PYYHE
VESI	SHAMPOO
SIENI	MATTO
VOIDE	WC
PEILI	HÖYRY

6 - Adjectifs #1

```
A R O M A A T T I N E N D T
E V G R E K W E Q N K J B A
H I D A S K P R J U A Z H I
D N T S A J S F G O U D V T
O L T K P N B O M R N M I E
T A U A V M T Q T I I D E E
O G D S A W O E B I S V H L
N T U M L F H D L C S I Ä L
H Ä T O T Q U K E I U K T I
W R S V A Q T L G R A J T N
G K H D V I A T O N N S Ä E
A E L C A A P U A F A I V N
T Ä Y D E L L I N E N G Ä Z
I D E N T T I N E N T Q D Z
```

EHDOTON
AROMAATTINEN
TAITEELLINEN
VIEHÄTTÄVÄ
KAUNIS
EKSOTISK
VALTAVA
ANTELIAS
IDENTTINEN

TÄRKEÄ
VIATON
NUORI
HIDAS
RASKAS
OHUT
MODERNI
TÄYDELLINEN
APUA

7 - Instruments de Musique

```
F A G O T T I P W T Y Y P G
L M H D F H Q K K Z D M I O
P M H U U L I H A R P P U N
K L A R I N E T T I V M U G
T O S R M A N D O L I I N I
R S B E I K B K H R U M P U
U A L O L M C I U E L D J F
M K E U E L B T I L U S V A
P S Q V J S O A L P I A N O
E O F N L B W R U N O V K N
T F B T G C B A N J O Y Y S
T O T A M B U R I I N I C M
I N E P A S U U N A J J C J
P I N I R H A R P P U J M Z
```

BANJO
FAGOTTI
KLARINETTI
HUILU
GONG
KITARA
HUULIHARPPU
HARPPU
OBOE
MANDOLIINI

MARIMBA
PIANO
SAKSOFONI
RUMPU
TAMBURIINI
PASUUNA
TRUMPETTI
VIULU
SELLO

8 - Échecs

```
P  V  M  R  A  E  O  J  P  T  K  Y  B  G
A  A  E  R  K  S  P  U  E  U  U  K  Z  A
L  S  S  K  A  F  P  H  L  R  N  H  E  J
K  T  T  S  A  N  I  R  A  N  I  S  T  G
P  U  A  H  I  I  A  A  A  A  N  F  V  U
O  S  R  K  N  I  K  T  J  U  G  H  N  Y
Z  T  I  V  A  Q  V  A  A  S  A  A  Y  K
J  A  E  Q  H  C  I  L  L  T  A  E  U
P  J  L  B  O  K  I  T  N  P  A  S  J  N
V  A  L  K  O  I  N  E  N  E  R  T  J  I
S  Ä  Ä  N  N  Ö  T  G  R  L  N  E  H  N
D  I  A  G  O  N  A  A  L  I  N  E  N  G
K  I  L  P  A  I  L  U  M  U  S  T  A  A
E  W  B  S  T  R  A  T  E  G  I  A  R  S
```

VASTUSTAJA	MUSTA
OPPIA	PASSIIVINEN
VALKOINEN	KUNINGATAR
MESTARI	SÄÄNNÖT
KILPAILU	KUNINGAS
HAASTEET	UHRATA
DIAGONAALINEN	STRATEGIA
PELI	AIKA
PELAAJA	TURNAUS

9 - Herboristerie

```
M E I R A M I O B K L L M V
A I N E S O S A A K V A P A
U K N E H L O L S U I V E L
S U P T U F E B I K H E R K
T L U J T R E Y L K R N S O
E I U R S U A N I A E T I S
S N T H I J L S K T Ä E L I
A A A Q Z K A T A O N L J P
H A R V S D A W I R L I A U
R R H F M H T D T M F I O L
A I A R A K U U N A J G P I
M N A V K N R I P S P A V K
I E C U U E P N S K U C M T
R N R O S M A R I I N I I I
```

VALKOSIPULI   MEIRAMI
BASILIKA   MINTTU
KULINAARINEN   PERSILJA
RAKUUNA   LAATU
FENKOLI   ROSMARIINI
KUKKA   MAUSTESAHRAMI
AINESOSA   MAKU
PUUTARHA   TIMJAMI
LAVENTELI   VIHREÄ

10 - Véhicules

```
T R A K T O R I T K V H T A
M M E T R O B U P F E E A M
O A Z N J C T U I F N L K B
O U Y M K P A V S K E I S U
T T I V O A R P B S E K I L
T O I K U K A S E T I O S A
O H Z S C O O T E R O P U N
R P O L K U P Y Ö R Ä T K S
I Z B D U L A U T T A E K S
L J V W K U A P O G T R U I
S O L E N T O K O N E I L H
Y A H H I T Z V Y L N A A P
R F U M T A V A R E B I L W
Z K H U U A R A K E T T I J
```

AMBULANSSI   RENKAAT
LENTOKONE   LAUTTA
VENE   SCOOTER
BUSSI   TAKSI
KUKA   TRAKTORI
RAKETTI   KOULUTTAA
HELIKOPTERI   VAREBIL
METRO   POLKUPYÖRÄ
MOOTTORI   AUTO
SUKKULA

11 - Camping

```
F  Y  C  P  B  M  L  Z  U  V  N  Q  M  O
I  H  Y  N  T  K  E  U  H  I  U  B  J  I
K  A  R  T  T  A  L  T  O  J  W  W  S  Q
V  N  R  S  I  N  A  M  S  N  V  K  S  A
S  B  P  Z  V  O  I  Ö  V  Ä  T  G  Q  N
M  E  B  E  W  O  T  K  A  I  A  O  P  T
E  L  I  V  J  T  T  K  U  U  S  Z  V  A
T  Ä  R  K  Q  T  E  I  U  E  K  F  U  A
S  I  G  Ö  K  I  E  L  Y  H  T  Y  O  P
Ä  M  H  Y  H  A  T  T  U  T  Q  V  R  O
S  E  L  S  Q  U  I  J  Ä  R  V  I  I  T
T  T  P  I  M  E  D  L  D  U  I  E  J  K
Y  G  E  T  Y  R  D  N  U  H  U  Q  A  U
S  R  I  I  P  P  U  M  A  T  T  O  T  T
```

ELÄIMET	ANTAA POTKUT
SEIKKAILU	METSÄ
MÖKKI	RIIPPUMATTO
KANOOTTI	JÄRVI
KARTTA	LYHTY
HATTU	KUU
METSÄSTYS	VUORI
KÖYSI	LUONTO
LAITTEET	

12 - Conservation

```
V  A  P  A  A  E  H  T  O  I  N  E  N  K
V  Ä  H  E  N  T  Ä  Ä  R  L  F  L  E  I
F  T  E  R  V  E  Y  S  E  M  Y  U  K  E
V  O  O  C  J  S  V  H  M  A  M  O  O  R
I  J  R  R  O  K  H  V  S  S  P  N  S  R
H  H  G  U  J  G  B  E  Y  T  Ä  N  Y  Ä
R  K  A  K  R  U  S  S  K  O  R  O  S  T
E  E  A  I  O  E  N  I  L  R  I  L  T  T
Ä  S  N  T  C  U  N  T  I  H  S  L  E  Ä
O  T  I  G  E  T  L  S  A  P  T  I  E  Ä
Y  Ä  N  A  Z  N  L  U  N  A  Ö  N  M  B
C  V  E  U  A  T  L  Q  T  I  I  E  I  A
P  Ä  N  S  O  O  V  Z  R  U  N  N  A  Y
O  M  Z  S  I  Z  F  D  O  F  S  G  E  J
```

VAPAAEHTOINEN	LUONNOLLINEN
ILMASTO	ORGAANINEN
SYKLI	TORJUNTA-AINE
KESTÄVÄ	FORURENSNING
VESI	KIERRÄTTÄÄ
YMPÄRISTÖ	VÄHENTÄÄ
EKOSYSTEEMI	TERVEYS
KOULUTUS	VIHREÄ

13 - Écologie

```
B  W  L  E  L  U  O  N  T  O  K  I  I  C
K  Z  U  R  L  A  J  I  T  V  U  L  L  D
G  V  O  Q  N  Ä  K  M  F  V  I  R  M  H
H  S  N  K  Z  K  I  U  F  U  V  V  A  K
A  P  N  M  R  O  D  M  R  K  U  U  S  A
V  U  O  R  E  T  F  K  I  A  U  B  T  S
A  F  L  M  S  R  F  E  V  S  S  U  O  V
U  C  L  U  U  T  I  S  I  V  T  W  W  I
Q  H  I  O  R  U  O  T  L  I  S  Ö  P  S
J  Y  N  D  S  C  L  Ä  L  T  N  J  D  T
C  W  E  P  S  P  H  V  I  U  Z  N  E  O
N  G  N  H  I  H  F  Ä  G  K  O  V  E  Q
Y  H  T  E  I  S  Ö  K  E  W  L  J  M  B
S  E  L  V  I  Y  T  Y  M  I  N  E  N  D
```

FRIVILLIGE	MERI
ILMASTO	VUORET
YHTEISÖ	LUONTO
KESTÄVÄ	LUONNOLLINEN
LAJIT	KASVIT
ELÄIMISTÖ	RESURSSI
KASVISTO	KUIVUUS
SUO	SELVIYTYMINEN

14 - Astronomie

```
T  Ä  H  D  I  S  T  Ö  T  V  V  Z  J  L
Q  A  M  G  C  F  K  Y  P  L  J  T  T  U
V  S  R  A  K  E  T  T  I  C  C  E  B  D
V  T  K  L  A  K  U  U  M  M  E  P  H  F
S  R  T  A  P  L  A  N  E  E  T  T  A  S
Ä  O  A  K  I  U  I  Y  N  T  M  Z  G  U
T  N  U  S  K  I  V  T  N  E  D  L  W  P
E  A  R  I  H  B  Y  Z  Y  O  K  S  W  E
I  U  I  S  U  M  U  E  S  R  D  U  D  R
L  T  N  V  C  Q  I  V  A  I  W  L  U  N
Y  T  K  W  A  S  T  E  R  O  I  D  I  O
M  I  O  K  O  S  M  O  S  S  H  V  C  V
S  A  T  E  L  L  I  I  T  T  I  Z  G  A
R  L  Z  Z  P  C  J  E  V  N  D  Ø  G  N
```

ASTEROIDI	KUU
ASTRONAUTTI	METEORI
TAIVAS	SUMU
TÄHDISTÖ	PLANEETTA
KOSMOS	SÄTEILY
PIMENNYS	SATELLIITTI
JEVNDØGN	AURINKO
RAKETTI	SUPERNOVA
GALAKSI	MAA

15 - Types de Cheveux

```
L  H  O  L  G  F  U  G  T  P  P  Q  T  G
A  E  G  H  O  P  E  A  I  E  I  A  E  C
A  B  H  R  U  S  K  E  A  H  T  M  R  T
Z  C  K  A  N  T  H  Y  Z  M  K  K  V  T
R  S  P  I  A  U  F  A  B  E  Ä  A  E  Q
P  A  K  S  U  L  R  R  R  Ä  P  L  A  C
G  Z  F  A  J  Y  T  H  K  M  H  J  W  K
O  E  E  R  K  H  I  O  I  Y  A  U  K  I
E  A  M  I  D  Y  G  V  I  L  R  A  U  H
T  M  B  V  G  T  M  A  L  L  A  F  I  A
K  I  H  A  R  A  U  A  T  D  E  V  V  R
E  J  H  Q  R  M  S  L  Ä  G  O  V  A  A
A  I  K  I  Z  H  T  E  V  C  D  I  A  T
L  C  P  N  V  W  A  A  Ä  B  R  B  O  O
```

HOPEA	HARMAA
VAALEA	PITKÄ
KIHARAT	RUSKEA
KIILTÄVÄ	OHUT
KALJU	MUSTA
LYHYT	AALTOILEVA
PEHMEÄ	TERVE
PAKSU	KUIVA
KIHARA	

16 - Restaurant #1

```
K V A R A U S L E I P Ä V J
G B A I N E I A A S I T E Ä
L F S L N I B J K A O A I L
A E W Q I E F P V U M R T K
W P V I E K A H V I A J S I
F B T Y C A K B K I U O I R
G S D E R S A O E A S I J U
L C Y W U T N O I N T L U O
K G Y J O I A L T R E I U K
E U S T K K C R T C I J Z A
R Y L T A E B M I J N A Q D
O H P H B D I F Ö L E U L L
D H D D O W N S U K N S G P
A L L E R G I A P M P K Z C
```

ALLERGIA
LEVY
KULHO
KAHVI
VEITSI
KEITTIÖ
JÄLKIRUOKA
MAUSTEINEN

AINE
VALIKKO
RUOKA
LEIPÄ
KANA
VARAUS
KASTIKE
TARJOILIJA

17 - Mammifères

```
A  R  M  D  S  E  E  P  R  A  O  G  Z  I
P  Q  F  B  G  O  R  I  L  L  A  B  H  G
I  A  K  O  I  R  A  A  H  H  Q  G  I  C
N  W  I  K  S  S  G  Z  H  O  F  E  Y  G
A  L  R  U  D  U  D  K  E  T  T  U  A  K
L  V  A  L  A  S  K  E  N  O  R  S  U  O
E  S  H  M  U  E  T  Z  L  C  U  U  H  J
I  D  V  Y  M  K  A  N  I  F  T  S  E  O
J  W  I  T  H  A  E  O  M  U  I  I  V  O
O  Q  Q  G  Ä  R  S  N  S  D  I  I  O  T
N  N  V  Q  R  H  Q  R  G  Z  K  Q  N  T
A  K  O  P  K  U  Y  V  L  U  E  E  E  I
P  E  Y  H  Ä  K  I  S  S  A  R  C  N  T
M  W  F  U  W  U  T  H  F  Y  I  U  K  P
```

VALAS	KANI
KISSA	LEIJONA
HEVONEN	SUSI
KOIRA	LAMMAS
KOJOOTTI	KARHU
DELFIINI	KETTU
NORSU	APINA
KIRAHVI	HÄRKÄ
GORILLA	TIIKERI
KENGURU	SEEPRA

18 - Sports

```
R  N  S  Y  Z  A  C  T  V  V  P  K  Q  K
O  K  G  I  K  S  D  E  O  O  E  O  C  U
D  Y  O  J  U  L  Y  N  I  I  L  R  T  N
P  Y  L  Z  R  L  L  N  T  M  A  I  S  T
M  E  F  D  H  C  I  I  T  I  A  P  T  O
E  S  L  T  E  S  I  S  A  S  J  A  A  S
S  R  C  I  I  D  K  J  J  T  A  L  D  A
T  I  N  M  L  I  E  U  A  E  L  L  I  L
A  U  J  C  I  Y  M  E  Z  L  F  O  O  I
R  M  O  Z  J  F  R  I  A  U  L  P  N  F
U  D  O  M  A  B  A  S  E  B  A  L  L  O
U  W  B  C  A  J  Ä  Ä  K  I  E  K  K  O
S  Q  Q  H  Y  R  Y  V  F  U  A  C  G  U
U  M  J  L  J  P  I  I  J  B  Y  W  B  G
```

TUOMARI	KUNTOSALI
URHEILIJA	VOIMISTELU
BASEBALL	JÄÄKIEKKO
KORIPALLO	PELI
MESTARUUS	PELAAJA
TIIMI	LIIKE
VOITTAJA	STADION
GOLF	TENNIS

19 - Chocolat

```
J D R E S E P T I A M K A R
A S O K E R I H S R A A R Y
U K O K O S N Ø T T K R O P
H M E H I M O B E I U A M M
E I K F E C L W J S E M I K
R B S U Q R B R M A K E A A
S U O S I K K I Y N A L U A
C K T D S B A U I A L L L K
A K I N D I W T L L O I D A
L R S M T P O C K L R U U O
R A K K M P U R Q E I Z Q T
W W A R Z K C U O S R N L Z
E A D T R Y G V W V E A E R
T U W K U A I N E S O S A N
```

KATKERA	EKSOTISK
AROMI	SUOSIKKI
ARTISANAL	MAKU
KAAKAO	AINESOSA
KALORI	KOKOSNØTT
KARAMELLI	JAUHE
HERKULLINEN	LAATU
MAKEA	RESEPTI
HIMO	SOKERI

20 - Mathématiques

```
Y J D C G P N Y W M H M S V
L M A B Y K E H S Y A O U I
E S P E H E L Q V R L N M A
K U T Ä J H I V I Y K I M E
S O I K R Ä Ö R B Z A K A D
P R L U Y Y C L Z L I U F E
O A A L Q H S Ä D E S L K S
N K V M O H T M C K I M O I
E U U A C S S Ä I K J I L M
N L U T W I G R L T A O M A
T M S B S P T F R Ö T K I A
T I L G E O M E T R I A O L
I O C S Y M M E T R I A A I
S U U N N I K A S M H Z C M
```

KULMAT   SUUNNIKAS
NELIÖ   KEHÄ
YMPÄRYSMITTA   MONIKULMIO
DESIMAALI   SÄDE
HALKAISIJA   SUORAKULMIO
EKSPONENTTI   SUMMA
YHTÄLÖ   SYMMETRIA
JAE   KOLMIO
GEOMETRIA   TILAVUUS

21 - Mythologie

```
H L A B Y R I N T T I K O S
V I M A A G I N E N D C S A
H K R K U L T T U U R I O N
M U Y V B C J U M A L A T K
K O U F I K O S T O J T U A
A L U V S Ö K R C S U O R R
R E K A T A S T R O F I I I
K V E L M L U O M I N E N T
E A Q E M R K S A L A M A A
T I T G T E K E Y K R U E R
Y N U E K P O L E N T O Q W
P E V N U Q N V A H V U U S
E N J D P S E S A N K A R I
B D U A W P N Y T W O F R E
```

ARKETYPE
KATASTROFI
LUOMINEN
OLENTO
KULTTUURI
JUMALAT
SALAMA
VAHVUUS
SOTURI
SANKARITAR

SANKARI
KATEUS
LABYRINTTI
LEGENDA
MAAGINEN
HIRVIÖ
KUOLEVAINEN
UKKONEN
KOSTO

22 - Restaurant #2

```
H U L E C N P Q L E R K M H
E M O L T U O L I R Z Z W U
R U U P E U M A U S T E E T
K N N S R D H E D E L M Ä J
U A A U A E D J N D Z G W Q
L T S O I L L A L L I N E N
L J R L Z I A L U S I K K A
I K K A M T H A A R U K K A
N J A L N J F Z T A B V F G
E U K L J K I S C T A E A H
N O K G A P A I V J I S L O
L M U I T A R J O I L I J A
A A R V V H D J Ä Ä N R J Y
V I H A N N E S U P P E T M
```

JUOMA	KAKKU
TUOLI	JÄÄN
LUSIKKA	VIHANNES
LOUNAS	NUUDELIT
HERKULLINEN	MUNAT
ILLALLINEN	KALA
VESI	SALAATTI
MAUSTEET	SUOLA
HAARUKKA	TARJOILIJA
HEDELMÄ	SUPPE

23 - Couleurs

```
D  V  R  Z  W  T  Z  N  H  A  R  M  A  A
V  I  O  L  E  T  T  I  N  A  M  U  N  L
L  H  A  I  V  L  I  K  Z  M  R  B  V  T
C  R  I  M  S  O  N  R  Z  L  J  S  Y  K
S  E  E  P  I  A  V  A  B  Q  C  I  Q  E
F  Ä  I  V  A  L  K  O  I  N  E  N  M  L
R  M  D  F  B  Z  R  H  P  L  A  I  A  T
F  U  K  S  I  A  S  R  U  P  P  N  G  A
M  S  S  A  I  H  Q  Y  N  U  Q  E  E  I
I  T  E  K  B  Q  R  C  A  L  K  N  N  N
E  A  I  Q  E  F  L  W  I  A  I  Y  T  E
R  G  L  I  I  A  A  T  N  M  N  W  A  N
I  N  D  I  G  O  B  Q  E  U  P  I  Y  V
E  S  B  K  E  O  R  A  N  S  S  I  C  Z
```

BEIGE	MAGENTA
VALKOINEN	RUSKEA
SININEN	MUSTA
CRIMSON	ORANSSI
SYAANI	PUNAINEN
FUKSIA	SEEPIA
HARMAA	VIHREÄ
INDIGO	VIOLETTI
KELTAINEN	

24 - Avions

```
F  H  R  A  K  E  N  T  A  M  I  N  E  N
M  I  E  H  I  S  T  Ö  P  L  L  N  K  P
A  I  N  L  S  E  H  J  O  A  M  Z  O  O
T  L  A  L  T  I  I  Q  L  S  A  V  R  T
K  M  V  G  G  K  S  V  T  K  P  E  K  K
U  A  I  K  D  K  T  R  T  E  A  T  E  U
S  K  G  S  C  A  O  P  O  U  L  Y  U  R
T  U  O  L  B  I  R  I  A  T  L  Z  S  I
A  N  I  Q  Q  L  I  L  I  U  O  E  U  T
J  N  D  L  O  U  A  O  N  M  I  E  U  M
A  T  A  I  V  A  S  T  E  I  Z  C  N  R
W  S  L  A  S  K  U  T  B  N  F  W  T  Y
M  F  S  I  L  M  A  I  N  E  N  S  A  K
M  O  O  T  T  O  R  I  U  N  V  Q  W  M
```

ILMA	MIEHISTÖ
ILMAINEN	KORKEUS
LASKU	POTKURI
SEIKKAILU	HISTORIA
ILMAPALLO	VETY
POLTTOAINE	MOOTTORI
TAIVAS	NAVIGOIDA
RAKENTAMINEN	MATKUSTAJA
LASKEUTUMINEN	PILOTTI
SUUNTA	

25 - Aventure

```
U D L Y Q I K Q F P I M H Z
Y U M U F D U A R H L A Q I
M P S P O G U F M Y O H J N
A L U I K N V F S L H D F N
T L C P D Z T Q R L V O K O
K A U N E U S O N Ä A L K S
A N A V I G O I N T I L O T
K F R M L D Y R E T K I H U
C M H T K E E S O Ä E S D S
H A A S T E E T T V U U E N
T O I M I N T A Q Ä S U V K
M A T K U S T A A N V S Z M
V A A R A L L I N E N Ä I M
E P Ä T A V A L L I N E N R
```

TOIMINTA	RETKI
YSTÄVÄ	EPÄTAVALLINEN
KAUNEUS	MATKA
MAHDOLLISUUS	ILO
VAARALLINEN	LUONTO
KOHDE	NAVIGOINTI
HAASTEET	UUSI
VAIKEUS	YLLÄTTÄVÄ
INNOSTUS	MATKUSTAA

26 - Ville

```
S S U P E R M A R K E T T L
A T U Y Q C N W A K E M E U
L G A L L E R I A I L A A F
O C I D P W Y A Y R O R T T
N T N T I F J L A J K K T H
K Y E K D O H K T A U K E A
I D L L B B N I G S V I R V
R A V I N T O L A T A N I N
K Q S N O T S H T O R A Z M
O R I I A P T E E K K I J L
U Q L K B C I L E I P O M O
L A E K U E H S P A N K K I
U C B A N W H O T E L L I G
M U S E O J N A E O R Q Q W
```

LUFTHAVN
PANKKI
KIRJASTO
LEIPOMO
ELOKUVA
KLINIKKA
KOULU
GALLERIA
HOTELLI

MARKKINA
MUSEO
APTEEKKI
RAVINTOLA
SALONKI
STADION
SUPERMARKET
TEATTERI
YLIOPISTO

27 - Cuisine

```
P A K A S T I N E P U A Z J
K E S I L I I N A U C F Q P
A A T D F R P B G R I L L I
N G U O P P K W K U U N I
N F G H S E Q J K K B S Y K
U A G R A G Y U S I K L L M
J Ä Ä K A A P P I R U O K A
O L Y R K G P D E V K Q A U
E A U E H U V L N E U K T S
B O F S J G L E I I P C T T
W L V E I V O H R T I C I E
W P T P G K Y W O S T F L E
G P M T T G A F L E R C A T
Y T R I N M T T I T Q R P U
```

KULHO
KATTILA
PAKASTIN
VEITSET
KANNU
LUSIKAT
MAUSTEET
SIENI
UUNI

GAFLER
GRILLI
KAUHA
RUOKA
PURKKI
RESEPTI
JÄÄKAAPPI
ESILIINA
KUPIT

28 - Corps Humain

```
S  J  S  J  A  I  V  O  T  N  N  F  C  W
O  Y  P  O  L  V  I  L  V  I  O  E  P  F
R  M  D  F  K  L  H  K  N  L  I  A  N  J
M  N  P  Ä  Ä  E  O  A  S  K  Ä  S  I  Ä
I  I  G  R  N  U  K  P  U  K  O  R  V  A
H  Y  G  M  N  K  A  Ä  U  A  I  V  S  C
I  V  A  T  S  A  U  Ä  W  Q  G  E  Y  Z
K  A  S  V  O  T  L  O  R  V  K  A  L  E
H  U  U  L  E  T  A  B  Q  R  Y  G  G  I
K  Y  Y  N  Ä  R  P  Ä  Ä  D  K  A  E  F
N  I  T  V  E  R  I  N  F  V  Y  O  R  Q
B  N  Z  N  V  H  C  T  B  K  B  Z  W  H
Y  C  H  B  J  D  M  O  Y  M  B  A  Y  D
A  Q  F  P  B  E  T  B  S  V  J  H  R  G
```

SUU	KIELI
AIVOT	HUULET
NILKKA	KÄSI
KAULA	LEUKA
KYYNÄRPÄÄ	NENÄ
SYDÄN	KORVA
SORMI	IHO
VATSA	VERI
OLKAPÄÄ	PÄÄ
POLVI	KASVOT

29 - Épices

```
F  E  N  K  O  L  I  K  Z  H  W  S  A  Q
V  A  N  I  L  J  A  I  I  W  A  H  O  Z
V  A  L  K  O  S  I  P  U  L  I  P  W  W
K  P  I  P  P  U  R  I  D  I  W  V  A  E
M  A  U  S  T  E  S  A  H  R  A  M  I  N
K  P  T  C  R  V  W  H  O  Q  N  A  W  H
U  R  K  K  O  R  I  A  N  T  E  R  I  L
R  I  U  A  E  T  I  N  S  C  M  P  I  A
K  K  M  N  S  R  S  I  P  U  L  I  R  K
U  A  I  E  Z  R  A  S  M  R  O  I  F  R
M  Z  N  L  M  F  Z  Z  J  R  Z  L  H  I
A  O  A  I  M  A  K  U  W  Y  A  E  A  T
N  J  K  A  R  D  E  M  U  M  M  A  Q  S
I  N  K  I  V  Ä  Ä  R  I  C  V  C  F  I
```

HAPAN	FENKOLI
VALKOSIPULI	INKIVÄÄRI
KATKERA	SIPULI
ANIS	PAPRIKA
KANELI	PIPPURI
KARDEMUMMA	LAKRITSI
KORIANTERI	MAUSTESAHRAMI
KUMINA	MAKU
KURKUMA	SUOLA
CURRY	VANILJA

30 - Science

```
A  B  R  P  N  F  C  Z  E  L  P  H  M  K
Q  C  Z  C  L  E  Q  I  V  A  E  A  E  Q
Y  W  T  U  S  E  U  T  O  B  M  V  N  Z
H  I  U  K  S  E  T  N  L  O  V  A  E  M
A  T  O  M  I  F  P  D  U  R  O  I  T  H
P  P  Q  V  T  Y  D  J  U  A  F  N  E  Y
T  I  E  D  O  T  D  E  T  T  F  L  P
M  O  L  E  K  Y  Y  L  I  O  O  O  M  O
K  N  S  L  U  O  N  T  O  R  S  G  Ä  T
P  O  Y  I  O  R  G  A  N  I  S  M  I  E
M  L  E  P  A  I  N  O  V  O  I  M  A  E
O  I  L  M  A  S  T  O  C  D  I  F  B  S
D  N  F  Y  S  I  I  K  K  A  L  C  B  I
E  N  V  K  E  M  I  A  L  L  I  N  E  N
```

ATOMI
KEMIALLINEN
ILMASTO
TIEDOT
KOE
EVOLUUTIO
TOSIASIA
FOSSIILI
PAINOVOIMA

HYPOTEESI
LABORATORIO
MENETELMÄ
MOLEKYYLI
LUONTO
HAVAINTO
ORGANISMI
HIUKSET
FYSIIKKA

31 - Chats

```
L U E R K T A T L V I L L I
S T D I P Y R S T Ö Ä T B S
R E T I S H N N L I V H U P
H L G P A T A S S U L M Ä P
I I P P V L T U I F I E N N
I A H U L L U L S Ä K T O U
R S T M A M J A L K M S P K
I G J A D M O N E F A Ä E K
Q T H T U R K K I N L S A U
Z R Z O G D Z A K E J T S A
K U K N J Y Z S K T V Ä T Z
Z K S A J K F D I K G J I F
G G S K D K T H S Y O Ä N W
M J S B R M J U Ä F R I D B
```

METSÄSTÄJÄ	RIIPPUMATON
UTELIAS	TASSU
NUKKUA	VÄHÄN
HAUSKA	PYRSTÖ
LEIKKISÄ	NOPEASTI
LANKA	VILLI
HULLU	HIIRI
TURKKI	UJO
KYNSIÄ	

32 - Vêtements

```
H U I V I M K S P Y J A M A
A A T I S E A A U V W E U T
T V N D O K U N S I P N O T
T I Y L L K L D E L K G T T
U J D Ö T O A A R L Ä S I U
P A I T A J K A O A S U N H
Z V L A A T O L G P I H R A
F A R K U T R I B A N I C M
K S R K H F U T J I E R W E
B O D I W O E L Q T E S Z K
K J R D H E U C Z A T D V V
U S O U W S E S I L I I N A
L P R G T B S O U K E N K Ä
A R M B Å N D Z L T U J I H
```

KORUT   FARKUT
ARMBÅND   HAME
VYÖ   MUOTI
HATTU   HOUSUT
KENKÄ   VILLAPAITA
PAITA   PYJAMA
PUSERO   MEKKO
KAULAKORU   SANDAALIT
HUIVI   ESILIINA
KÄSINEET   TAKKI

33 - Arts Visuels

```
E  L  H  V  S  C  F  L  U  O  V  U  U  S
L  L  A  K  K  A  R  Y  N  T  Y  M  A  K
M  I  O  M  Y  R  A  I  Ä  P  K  A  R  O
U  E  T  K  L  C  W  J  K  A  E  A  K  O
O  M  S  R  U  L  O  Y  Ö  R  R  L  K  S
T  V  A  T  M  V  S  K  K  A  A  A  I  T
O  A  B  A  A  D  A  Y  U  F  M  U  T  U
K  L  H  U  L  R  V  N  L  I  I  S  E  M
U  O  K  K  Y  A  I  Ä  M  I  I  T  H  U
V  K  K  Y  N  Ä  U  T  A  N  K  E  T  S
A  U  L  I  I  T  U  S  E  I  K  L  U  D
Z  V  G  U  M  H  W  M  O  O  A  I  U  J
T  A  I  T  E  I  L  I  J  A  S  N  R  V
M  J  Q  Q  V  E  I  S  T  O  S  E  I  L
```

ARKKITEHTUURI   LUOVUUS
SAVI   ELOKUVA
TAITEILIJA   MAALAUS
KERAMIIKKA   NÄKÖKULMA
MESTARITEOS   VALOKUVA
MAALAUSTELINE   MUOTOKUVA
PARAFIINI   VEISTOS
KOOSTUMUS   KYNÄ
LIITU   LAKKA
LYIJYKYNÄ

34 - Méditation

```
H  E  R  E  I  L  L  Ä  F  K  Y  M  R  H
H  E  N  G  I  T  Y  S  F  I  S  Y  A  Y
H  Q  F  K  B  H  C  L  H  I  T  Ö  U  V
N  Ä  K  Ö  K  U  L  M  A  T  Ä  T  H  Ä
H  R  M  Z  F  O  W  C  V  O  V  Ä  A  K
Z  Z  A  U  T  M  K  P  A  L  Ä  T  L  S
M  T  R  U  U  I  L  Z  I  L  L  U  L  Y
S  U  W  L  H  O  U  O  N  I  L  N  I  M
G  N  S  I  F  A  O  E  T  S  I  T  N  I
Z  N  O  I  O  Q  N  L  O  U  S  O  E  N
H  E  N  K  I  S  T  Ä  B  U  Y  J  N  E
C  B  R  E  H  K  O  M  R  S  Y  B  S  N
R  Y  H  T  I  Y  K  J  N  L  S  Y  Q  S
S  E  L  K  E  Y  S  I  M  I  E  L  I  B
```

HYVÄKSYMINEN	HENKISTÄ
HUOMIO	LIIKE
RAUHALLINEN	MUSIIKKI
SELKEYS	LUONTO
MYÖTÄTUNTO	HAVAINTO
MIELI	RAUHA
TUNNE	NÄKÖKULMA
HEREILLÄ	RYHTI
YSTÄVÄLLISYYS	HENGITYS
KIITOLLISUUS	

35 - Littérature

```
P A F V R T R A G E D I A R
Ä N I E U V N H M Z V W F U
Ä A K R N T E K I J Ä I T N
T L T T O A D C G R B E O
E Y I A A N A L O G I A N L
L Y O I Z T K U V A U S W L
M S T L A N E K D O O T T I
Ä I A U R S J E P T K Y N N
K E R T O J A R M J H Y V E
B Z W Y M T N J Y A U L Q N
Y K D I A L O G I T R I E R
Z S Z M A E F N V G M P Q G
K M V G N O M U A I C I O A
N L N R I M E T A F O R A V
```

ANALOGIA	METAFORA
ANALYYSI	KERTOJA
ANEKDOOTTI	RUNO
TEKIJÄ	RUNOLLINEN
VERTAILU	ROMAANI
PÄÄTELMÄ	RYTMI
KUVAUS	TYYLI
DIALOG	TEEMA
FIKTIOTA	TRAGEDIA

36 - Nourriture #1

```
K A N E L I J M H H Q O B Z
K A H V I R P D A D R H I Y
M S H Q H H Ä L R I D R S G
S E O W A O Ä S T W T A U R
O Z H S I T R U U N A O P B
K F H U B D Y R P I Q J P A
E D T O M A N S I K K A E S
R E J L N F Ä I N I L P C I
I A P A A S W P A A I H L L
T U N F I S K U A K U W L I
M Q F E S Z O L T Y G R C K
S A L A A T T I T E H M I A
P O R K K A N A I W L T J S
V A L K O S I P U L I N A F
```

VALKOSIPULI   NAURIS
BASILIKA   SIPULI
KAHVI   OHRA
KANELI   PÄÄRYNÄ
PORKKANA   SALAATTI
SITRUUNA   SUOLA
PINAATTI   SUPPE
MANSIKKA   SOKERI
MEHU   TUNFISK
MAITO   LIHA

37 - Jours et Mois

```
K  H  J  L  S  Y  Y  S  K  U  U  I  D  K
J  W  E  D  U  U  H  D  U  U  W  R  J  E
M  B  N  I  N  B  J  R  Q  L  U  P  Y  S
K  A  L  E  N  T  E  R  I  O  Y  H  V  K
E  I  V  N  U  Ä  E  L  O  K  U  U  I  I
S  Q  T  T  N  A  K  Y  G  A  T  M  I  V
Ä  H  U  H  T  I  K  U  U  K  I  A  K  I
K  U  U  K  A  U  S  I  U  U  I  A  K  I
U  N  D  V  I  I  F  U  Q  U  S  L  O  K
U  T  A  M  M  I  K  U  U  J  T  I  H  K
M  A  R  R  A  S  K  U  U  B  A  S  C  O
Y  A  I  W  T  O  R  S  T  A  I  K  H  I
L  A  U  A  N  T  A  I  A  W  Z  U  W  B
H  E  L  M  I  K  U  U  O  M  P  U  U  I
```

ELOKUU	TIISTAI
HUHTIKUU	MAALISKUU
KALENTERI	KESKIVIIKKO
SUNNUNTAI	KUUKAUSI
HELMIKUU	MARRASKUU
TAMMIKUU	LOKAKUU
TORSTAI	LAUANTAI
HEINÄKUU	VIIKKO
KESÄKUU	SYYSKUU

38 - Championnat

```
S T R A T E G I A M T P M Q
M E S T A R I D O O C H E N
K A V A Y V I M H T E S S S
A P O A W F S A V I E A T A
V E I F T I I M I V K H A U
A L T F U N S Q V A B I R R
L I T K R A Y N P A B V U H
M T O B N L B W G T R U U E
E I U M A I L E S I T Y S I
N G T U U S S J V O C V O L
T V G A S T T U O M A R I U
A F O J L I I G A V S Y A N
J D Y E C I A B D E M L Z T
A K E S T Ä V Y Y S F U I A
```

MESTARI   MITALI
MESTARUUS   MOTIVAATIO
KESTÄVYYS   ESITYS
VALMENTAJA   URHEILU
TIIMI   STRATEGIA
FINALISTI   TURNAUS
PELIT   HIKI
TUOMARI   VOITTO
LIIGA

39 - Pirates

```
S  V  I  S  H  M  A  A  R  R  E  S  Y  A
H  A  P  R  Q  I  I  M  J  E  Y  E  L  F
C  A  A  O  L  E  G  E  N  D  A  I  U  O
H  R  P  R  S  H  Q  G  K  L  W  K  Z  C
C  A  U  A  I  I  K  R  F  K  K  K  U  B
Z  R  K  N  K  S  O  B  H  A  A  A  A  A
D  P  A  T  A  T  L  O  U  R  P  I  E  R
T  I  I  A  L  Ö  I  M  O  T  T  L  M  J
Z  R  J  L  U  U  K  Z  N  T  E  U  W  Z
W  S  A  K  B  Q  O  Y  O  A  E  F  W  K
K  U  L  T  A  T  T  L  N  S  N  I  V  P
L  I  P  P  U  F  U  O  A  P  I  E  T  A
A  N  K  K  U  R  I  R  O  M  M  I  I  W
A  E  I  V  A  L  T  A  M  E  R  I  Q  B
```

ANKKURI	SAARI
SEIKKAILU	LEGENDA
KAPTEENI	HUONO
KARTTA	VALTAMERI
ARPI	KULTA
VAARA	PAPUKAIJA
LIPPU	KOLIKOT
MIEKKA	RANTA
MIEHISTÖ	ROMMI
LUOLA	AARRE

40 - Activités

```
O T A I D E K G D T W N D K
K P E L I T N H Y A Q R P E
V C R O M P E L U I E W H R
T A M V E M V N T T H D J A
O M L K U A A T D O L V M M
I P U O C Q P M S J P A E I
M I K Q K E A V E N E E T I
I N E J A U A W U P M L S K
N G M E L F V K R C A L Ä K
T A I K A I W A P C A U S A
A N N W S A P O U A L S T P
G D E W T H Q E N S A E Y P
P Z N O U G N I L A U T S S
Y C Z V S Z G M O E S U P O
```

TOIMINTA	PELIT
TAIDE	LUKEMINEN
VENEET	VAPAA
CAMPING	TAIKA
KERAMIIKKA	MAALAUS
METSÄSTYS	KALASTUS
TAITO	VALOKUVAUS
OMPELU	ILO
ETU	VAELLUS

41 - Fleurs

```
J E U W L P P N Y L C V M T
P A M J L A Q U U I A B A E
S E S N B J V F Y L P D G R
N K I M P P U E N J L W N Ä
G A L O I T N D N A U Y O L
P I O N I I W C D T M T L E
E G A R D E N I A Q E I I H
P B H U D H Z I R L R L A T
T C C U N I K K O H I D I I
O R K I D E A P I L A I M L
R U U S U S T V G N I L L B
P Ä I V Ä N K A K K A R A A
A U R I N G O N K U K K A S
B J W C H I B I S C U S V B
```

KIMPPU   ORKIDEA
GARDENIA   UNIKKO
HIBISCUS   TERÄLEHTI
JASMIINI   PIONI
LAVENTELI   PLUMERIA
LIILA   RUUSU
LILJA   AURINGONKUKKA
MAGNOLIA   APILA
PÄIVÄNKAKKARA

42 - Nourriture #2

```
E  J  K  K  B  S  I  E  N  I  M  M  L  I
Y  F  I  I  P  A  R  S  A  K  A  A  L  I
O  M  E  N  A  E  N  F  Z  Q  N  N  A  O
S  V  V  K  A  L  A  A  H  M  T  G  M  Q
U  E  N  K  I  O  C  Q  A  G  E  O  U  T
K  H  L  U  F  I  Q  D  I  N  L  E  N  L
L  N  T  L  Z  Y  V  E  L  D  I  G  A  E
A  Ä  O  P  E  Z  K  I  R  S  I  K  K  A
A  N  M  A  C  R  Y  P  Ä  L  E  T  O  R
W  A  A  E  T  I  I  L  E  I  P  Ä  I  Z
I  K  A  I  R  I  K  A  N  A  W  U  S  E
V  G  T  B  I  S  W  Y  Y  J  W  N  O  S
H  G  T  M  C  I  F  I  T  J  T  Q  Z  O
L  S  I  Y  A  P  A  M  U  N  A  B  C  V
```

MANTELI	KIIVI
MUNAKOISO	MANGO
BANAANI	MUNA
VEHNÄ	LEIPÄ
PARSAKAALI	KALA
KIRSIKKA	OMENA
SELLERI	KANA
SIENI	RYPÄLE
SUKLAA	RIISI
KINKKU	TOMAATTI

43 - Océan

```
M A S T K P Y U E I V A S C
U F V O A A A N K E R I A S
S I E N I F T I D E V A N N
T U N F I S K K S C N Z S J
E P E K Q Q L K A R J I K I
K P I A H J O M Z R A P U I
A V A L A S S M D I A M T Q
L G M A N E T Y E U L V S O
A S V N R I E R L T T I U Y
F S H Z J K R S F T O A O T
K O R A L L I K I A O G L M
A W A E I J E Y I Q D E A G
H K I L P I K O N N A H N T
J L S C R V K W I K D K L S
```

ANKERIAS
VALAS
VENE
KORALLI
RAPU
KATKARAVUT
DELFIINI
SIENI
OSTERI
TIDEVANN

MANET
KALA
MUSTEKALA
HAI
RIUTTA
SUOLA
MYRSKY
TUNFISK
KILPIKONNA
AALTO

44 - Remplir

```
K  I  R  J  E  K  U  O  R  I  T  Y  Z  N
M  A  L  J  A  K  K  O  G  J  S  S  F  F
Z  S  Y  J  N  C  U  Z  A  S  S  N  O  W
K  M  P  U  T  K  I  T  Y  N  N  Y  R  I
L  A  A  T  I  K  K  O  W  T  Z  N  O  D
W  T  R  D  R  L  W  I  R  L  K  Z  N  A
K  K  J  T  A  R  J  O  T  I  N  J  V  L
O  A  Z  A  O  L  P  Ä  M  P  Ä  R  I  U
R  L  R  S  Q  N  A  A  U  U  G  H  F  S
I  A  L  K  P  F  K  U  K  F  U  Q  C  P
Q  U  P  U  R  K  K  I  K  E  K  R  O  J
N  K  I  M  Z  I  B  O  S  K  T  G  K  Y
G  K  K  A  N  S  I  O  L  T  U  T  R  O
P  U  S  D  O  I  P  U  L  L  O  M  I  M
```

TYNNYRI   TASKU
PULLO   PURKKI
KARTONKI   LAUKKU
KANSIO   ÄMPÄRI
KIRJEKUORI   LAATIKKO
ALUS   PUTKI
KORI   MATKALAUKKU
PAKETTI   MALJAKKO
TARJOTIN

45 - Ballet

```
K T A I T O R K E S T E R I
Q M T H L I H A K S E T S B
B U A A A M G K D K E J Ä G
A S M Y I R E J T O N B V E
L I G L C T J I H Z I Z E V
L I F E R Z E O K M U L L E
E K N I L R T E I Ä I Y T T
R K O S J J P O L T S W Ä Y
I I E Ö G F Z A R L E O J Y
N J L A K D R Y T M I L Ä L
A C E R J J D V W F A N L I
H A R J O I T U K S E T E A
T A N S S I J A T B C Z Q N
I N T E N S I T E E T T I C
```

TAITEELLINEN	LIHAKSET
BALLERINA	MUSIIKKI
TAITO	ORKESTERI
SÄVELTÄJÄ	HARJOITELLA
TANSSIJAT	YLEISÖ
ILMEIKÄS	HARJOITUKSET
ELE	RYTMI
INTENSITEETTI	TYYLI

46 - Fruit

```
M A N G O G W N A U A V B O
Y T P B Z V I H V J N A A M
M T P R U I O M O L A D N E
A U T I I I B R K M N E A N
M K B P M K V R A C A L A A
A W I T H U O O D N S M N L
P Ä Ä R Y N Ä O O Y S A I U
Q F F J S A D F S N I S O U
C Z Q N K I I V I I T R I M
M E L O N I K K J Y R Y W U
M A R J A I I K U L U P B T
P E R S I K K A A F U Ä K J
G U A V A C E F E W N L M G
N E K T A R I I N I A E C W
```

APRIKOOSI	KIIVI
ANANAS	MANGO
AVOKADO	MELONI
MARJA	NEKTARIINI
BANAANI	ORANSSI
KIRSIKKA	PERSIKKA
SITRUUNA	PÄÄRYNÄ
VIIKUNA	OMENA
VADELMA	LUUMU
GUAVA	RYPÄLE

47 - Surf

```
B G V V Z B E D J Q C Ä A V
M L E M A Q N R O I V Ä Q Y
H V G E L T L I U M Z R U A
A A R S O Y S V K U P I J B
S A Z T I Y U A K R F M O M
N H J A T L O H O H L M E A
Q T B R T I S V J E N Ä O A
S O G I E A I U A I O I W L
M Ä H K L O T U R L P N T T
A M Ä Q I Z T S B I E E R O
U S M B J T U D A J U N A C
B J I H A U S K A A S T N K
K V A L T A M E R I W P T I
I C G F T B Y H O S I A A A
```

HAUSKAA	VAAHTO
URHEILIJA	VALTAMERI
MESTARI	RANTA
ALOITTELIJA	SUOSITTU
VATSA	RIUTTA
ÄÄRIMMÄINEN	TYYLI
VAHVUUS	AALTO
JOUKKOJA	NOPEUS
SÄÄ	

48 - Technologie

```
T O V T O B L O G I N V I T
U V I A I H E Q C L Ä U N I
T M R V V E J K A L Y P T L
K U T U B I D E O D T V E A
I I U A Z B R O L R T K R S
M K A M E R A U T M Ö U N T
U J A Z Z O W P S C I R E O
S E L A I N G Z O C F S T T
N A I F O N T T I B D O T T
L I N T I E D O S T O R T O
T F E T V Y S L A D H I Q R
C U N T I E T O K O N E H L
T U R V A L L I S U U S V Z
V I E S T I P C K B V N P R
```

BLOGI
KAMERA
KURSORI
TIEDOT
NÄYTTÖ
TIEDOSTO
INTERNET
OHJELMISTO
VIESTI

SELAIN
TAVUA
TIETOKONE
FONTTI
TUTKIMUS
TURVALLISUUS
TILASTOT
VIRTUAALINEN
VIRUS

49 - Météo

```
H L Ä M P Ö T I L A T U S A
U S A T E E N K A A R I Q M
R M R T O R N A D O P G F J
R Y A A T R O O P P I N E N
I R U I J I E I C S G E A N
K S H V K Ä M U K K O N E N
A K A A U J Ä U K T D D Q I
A Y L S I M O N S U U N I L
N T L U V Y H C H L I I L M
I U I M U P C E I V J V M A
J U N U U O I Y T A W G A I
R L E W S L A L O B J S S N
A I N Z T A T Q V F K M T E
C E J B C R P V T I H Y O N
```

SATEENKAARI	HURRIKAANI
ILMAINEN	POLAR
SUMU	KUIVA
RAUHALLINEN	KUIVUUS
TAIVAS	LÄMPÖTILA
ILMASTO	MYRSKY
JÄÄN	UKKONEN
TULVA	TORNADO
MONSUUNI	TROOPPINEN
PILVI	TUULI

50 - Châteaux

```
W  I  Q  T  O  R  N  I  I  G  J  U  O  O
K  A  T  A  P  U  L  T  T  I  D  U  S  Q
B  U  F  T  P  R  I  N  S  E  S  S  A  R
K  I  L  P  I  T  I  H  E  V  O  N  E  N
J  D  F  H  F  Q  L  N  U  D  D  S  Z  M
A  D  I  G  E  V  C  F  S  E  M  E  F  I
L  Y  H  E  M  P  I  R  E  S  S  I  Ø  E
O  N  P  A  N  S  S  A  R  I  I  N  Y  K
P  A  L  A  T  S  I  V  R  Q  H  Ä  D  K
L  S  L  O  H  I  K  Ä  Ä  R  M  E  A  A
U  T  K  O  N  G  E  R  I  K  E  W  L  E
R  I  T  A  R  I  K  V  K  R  U  U  N  U
U  A  Y  K  S  I  S  A  R  V  I  N  E  N
B  L  I  N  N  O  I  T  U  S  M  P  A  M
```

PANSSARI	FØYDAL
KILPI	LINNOITUS
KATAPULTTI	YKSISARVINEN
HEVONEN	SEINÄ
RITARI	JALO
KRUUNU	PALATSI
LOHIKÄÄRME	PRINSSI
DYNASTIA	PRINSESSA
EMPIRE	KONGERIKE
MIEKKA	TORNI

51 - Randonnée

```
L  Q  J  O  M  E  L  Ä  I  M  E  T  N  L
A  C  F  K  S  U  U  N  T  A  K  V  M  Y
S  S  A  A  P  P  A  A  T  H  L  Ä  C  N
S  Ä  Ä  R  K  F  Q  M  Q  Q  T  S  Z  G
I  Y  F  T  O  W  Y  P  O  A  Y  Y  S  R
V  S  A  T  K  R  C  A  U  R  I  N  K  O
L  I  R  A  O  I  O  L  M  U  M  Y  I  K
E  F  L  N  U  H  V  A  A  R  A  T  L  A
V  Q  U  L  S  L  T  I  F  N  R  L  M  L
F  I  J  V  I  K  P  I  O  I  A  U  A  L
R  F  M  E  U  M  D  Q  G  Y  S  O  S  I
P  U  I  S  T  O  T  L  V  Z  K  N  T  O
R  D  Y  I  W  P  R  Q  B  O  A  T  O  B
C  A  M  P  I  N  G  I  I  U  S  O  I  S
```

ELÄIMET	SÄÄ
SAAPPAAT	VUORI
CAMPING	LUONTO
KARTTA	SUUNTA
ILMASTO	PUISTOT
VAARAT	KIVI
VESI	VILLI
KALLIO	AURINKO
VÄSYNYT	KOKOUS
RASKAS	

52 - Meubles

```
H C L J F G H T Y Y N Y T U
V R A T Q L K Y F M I F L U
H S O U R L V Ö P E I L I N
A R M O I R E P P E N K K I
Z R I L J I R Ö A T L H E P
T J M I G O H Y T H I N J H
Y E H H P M O T J F U T O N
Y A L Y Y P T Ä A G V U A Q
N I A L M C U L A M P P U H
Y E N L D K R M A T T O U P
M I W Y S O H V A S Ä N K Y
Q D D T Z V V Y K T T Z T H
K I R J A H Y L L Y T J M B
N O J A T U O L I V W O E R
```

ARMOIRE   FUTON
PENKKI   RIIPPUMATTO
KIRJAHYLLY   LAMPPU
TYÖPÖYTÄ   SÄNKY
SOHVA   PATJA
TUOLI   PEILI
TYYNYT   TYYNY
HYLLYT   VERHOT
NOJATUOLI   MATTO

53 - Art

```
V M I E L I A L A G H I A F
Z E O I Z B L U O D A L I R
J V I N A K J K T D L M H E
S I W S I G S O S S K A E H
Y S K P T M A O H U U I I E
M U E I B O U S D R P S Y L
B A R R F R S T O R E U B L
O A A E M C O U K E R C S I
L L A R F Q N M U A Ä A P N
I I M T B J H U V L I E J E
R N I S H U W S A I N N U N
V E N D U H K R T S E U E N
H N E F G F M U A M N L M N
R U N O U S I P N I D D I C
```

KERAAMINEN   INSPIRERT
MONIMUTKAINEN   ALKUPERÄINEN
KOOSTUMUS   RUNOUS
LUODA   VEISTOS
KUVATA   AIHE
ILMAISU   SURREALISMI
REHELLINEN   SYMBOLI
MIELIALA   VISUAALINEN

54 - Nutrition

```
K  A  R  B  O  H  Y  D  R  A  T  E  R  P
Q  A  P  A  I  N  O  O  Z  T  B  G  T  R
K  V  S  K  V  K  C  N  Z  E  B  V  I  O
Ä  I  N  T  E  R  V  E  I  R  O  K  A  T
Y  T  R  D  I  F  O  S  K  V  N  E  L  E
M  A  K  U  C  K  A  T  K  E  R  A  A  I
I  M  A  M  Z  B  E  E  K  Y  A  R  A  I
N  I  L  Y  Q  V  F  E  N  S  C  G  T  N
E  I  O  R  S  Y  Ö  T  Ä  V  Ä  C  U  I
N  N  R  K  R  U  O  K  A  H  A  L  U  B
A  I  I  K  M  A  U  S  T  E  E  T  T  N
V  V  L  Y  R  U  O  K  A  V  A  L  I  O
T  A  S  A  P  A  I  N  O  I  N  E  N  Z
R  U  O  A  N  S  U  L  A  T  U  S  C  A
```

KATKERA	NESTEET
RUOKAHALU	PAINO
KALORI	PROTEIINI
SYÖTÄVÄ	LAATU
RUOKAVALIO	TERVE
RUOANSULATUS	TERVEYS
MAUSTEET	KASTIKE
TASAPAINOINEN	MAKU
KÄYMINEN	MYRKKY
KARBOHYDRATER	VITAMIINI

55 - Science Fiction

```
M G O Q Q E U K S R I F A E
E A R H N S T A K O L U N H
L L A K U K O U E B L T T U
O A A I J Y P K N O U U A B
K K K R L D I A A T U R A V
U S K J F M A I A T S I P D
V I E A S Y A N R I I S O Y
A F L T G M J E I I O T T S
B B I C O J T N O H V I K T
R E A L I S T I N E N N U O
R Ä J Ä H D Y S Z V K E T P
T E K N O L O G I A A N L I
Ä Ä R I M M Ä I N E N U Y A
S A L A P E R Ä I N E N Z Y
```

ELOKUVA
DYSTOPIA
RÄJÄHDYS
ÄÄRIMMÄINEN
ANTAA POTKUT
FUTURISTINEN
GALAKSI
ILLUUSIO
KIRJAT

KAUKAINEN
MAAILMA
SALAPERÄINEN
ORAAKKELI
REALISTINEN
ROBOTTI
SKENAARIO
TEKNOLOGIA
UTOPIA

56 - Vertus #1

```
P  A  P  R  A  K  T  I  S  K  N  A  R  P
H  O  N  H  U  B  Z  E  Z  W  Z  C  A  U
A  Ä  T  T  T  Y  S  I  Q  S  A  R  T  H
U  L  V  I  E  H  Ä  T  T  Ä  V  Ä  K  D
S  Y  Q  I  L  L  K  V  U  A  A  U  A  A
K  K  K  K  I  A  I  A  G  C  L  W  I  S
A  Ä  R  K  A  U  S  A  L  S  I  L  S  P
U  S  B  N  S  F  R  T  S  S  T  K  E  K
J  A  A  G  J  J  R  I  H  Q  T  T  V  K
V  R  I  I  P  P  U  M  A  T  O  N  A  O
T  E  H  O  K  A  S  A  V  I  I  S  A  S
U  G  W  Y  L  U  O  T  E  T  T  A  V  A
F  P  Z  S  V  E  R  O  U  M  G  G  A  F
D  Y  U  T  T  Ä  V  N  T  G  L  U  S  N
```

HYVÄ	RIIPPUMATON
VIEHÄTTÄVÄ	ÄLYKÄS
UTELIAS	VAATIMATON
RATKAISEVA	POTILAS
HAUSKA	PRAKTISK
TEHOKAS	PUHDAS
LUOTETTAVA	VIISAS
ANTELIAS	

57 - Professions #1

```
P U T K I M I E S R K I P V
T A R E D A K T Ø R I A I A
M A N S I P I N T T R C A L
T K N K B N A R T I J D N M
M A B S K H S I W E A A I E
U R I F S I P Y D D N S S N
U T L T G I I O H E P I T T
S O Ä C E Y J R O M I A I A
I G Ä G O I U A I I T N N J
K R K K L W L T T E Ä A N A
K A Ä O O M A I A S J J D O
O F R Q G D P M J B Ä A B O
B I I P I G M A A A V J J S
K U L T A S E P P Ä P A Z E
```

TAITEILIJA   REDAKTØR
ASIANAJAJA   GEOLOGI
PANKKIIRI   HOITAJA
KULTASEPPÄ   LÄÄKÄRI
KARTOGRAFI   MUUSIKKO
KIRJANPITÄJÄ   PIANISTI
TANSSIJA   PUTKIMIES
VALMENTAJA   TIEDEMIES

58 - Géologie

```
S T A L A C T I T E R C K K
E K U I I R V Y Ö H Y K E V
R J Z J U J Y H A P P O R A
O G F T A S A N K O Z J R R
O M E O Y W V O L C A N O T
S K M Y S U L A K K M O S S
I O I N S S U C B G H A L I
O I N D A I I K R T U A L Q
D F E S J N R I A Y B L E L
K O R A L L I V L Z S J N I
M A A N O S A I U I U T O F
G K A L S I U M O N O G A R
V P L A V A I N L Y L P S L
M V I J A Z I W A U A L J C
```

HAPPO	GEYSIR
KALSIUM	LAVA
LUOLA	MINERAALI
MAANOSA	KIVI
KORALLI	TASANKO
KERROS	KVARTSI
CRYSTAL	SUOLA
EROOSIO	STALACTITE
SULA	VOLCANO
FOSSIILI	VYÖHYKE

59 - Cirque

```
L N A T A I K A A Z B P M F
E S F Z B M V O K P U Q N U
I M U S I I K K I R I F J V
J J O N G L Ö Ö R I O N S T
O O M O P N Z B D B R B A E
N N K B A L L O N G E R A L
A R T U R P S O O M L T W T
A A I W A J U F R F T C S T
I V I L A B C K S U N D D A
I C K O T A I K U R I B O E
U D E L I P P U T E M P P U
T E R O W O T E L Ä I M E T
F V I I H D Y T T Ä Ä Z C G
I C C K Z S K A T S O J A A
```

AKROBAT   LEIJONA
ELÄIMET   TAIKURI
TEMPPU   TAIKA
BALLONGER   MUSIIKKI
LIPPU   PARAATI
PUKU   APINA
VIIHDYTTÄÄ   KATSOJA
NORSU   TELTTA
JONGLÖÖRI   TIIKERI

60 - Jardin

```
T P P L E T K U O V T V P P
A R L U G R E S S E K Q E U
U A A A U A L J W Y N Y N U
T K I M P J N J K J O Y K T
O E T A P I M W W O Q S K A
T U A A M O O E P E C F I R
A M Z P K A L A M P I T K H
L V Q E M K U I S T I E T A
L O Q R U O H O I Q Z R V I
I J V Ä K L O L W N L A I R
K U K K A E F K O M I S S S
R I I P P U M A T T O S E G
S P U S K A Q B H T K I I S
N U R M I K K O I J W O I T
```

PUU
PENKKI
PUSKA
AITA
LAMPI
KUKKA
AUTOTALLI
RIIPPUMATTO
RUOHO
PUUTARHA

UGRESS
LAPIO
NURMIKKO
KUISTI
RAKE
MAAPERÄ
TERASSI
TRAMPOLIINI
LETKU

61 - Barbecues

```
H E D E L M Ä V A P M W P L
E L N O F V P I P P U R I A
I M B J O C G H L Z R K P P
P E L I T M R A U O S N R S
V E E M V U I N E J U S W E
P T R K F S L N N T N N S T
L R L H J I L E P Q Ä H A U
N K W I E I I S U O L A L S
K E S Ä S K Z I K J K B A L
K A S T I K E P U D Ä Q A V
F Q N E H I U U U Q Q N T J
D V A A O J Z L M Z D B I C
V E I T S E T I A N B J T A
B S I L L A L L I N E N G G
```

KUUMA
VEITSET
LOUNAS
ILLALLINEN
LAPSET
KESÄ
NÄLKÄ
PERHE
HEDELMÄ
GRILLI

PELIT
VIHANNES
MUSIIKKI
SIPULI
PIPPURI
KANA
SALAATIT
KASTIKE
SUOLA

62 - Anniversaire

```
K  A  L  E  N  T  E  R  I  W  M  T  Y  V
V  L  D  G  Q  F  I  T  S  K  Q  I  S  I
U  P  Y  U  E  Q  F  H  A  V  Y  L  T  I
O  N  N  E  L  L  I  N  E  N  K  O  Ä  S
S  U  S  K  S  K  L  A  U  L  U  I  V  A
I  O  P  Y  Q  O  P  P  I  A  T  N  Ä  U
P  R  E  N  N  R  A  C  S  H  S  E  C  S
Ä  I  S  T  F  T  V  I  U  J  U  N  K  Z
I  M  I  T  D  I  Y  S  K  A  T  Y  A  S
V  G  E  I  V  T  E  N  L  A  J  U  K  C
Ä  E  L  L  Y  R  P  K  Y  E  U  P  K  P
L  K  L  Ä  E  D  R  R  V  T  H  U  U  R
B  D  Q  U  K  H  C  A  D  Q  L  O  O  V
E  O  L  A  C  H  A  U  S  K  A  A  F  S
```

YSTÄVÄ	KAKKU
HAUSKAA	ONNELLINEN
VUOSI	KUTSUT
OPPIA	NUORI
KYNTTILÄ	PÄIVÄ
LAHJA	ILOINEN
KALENTERI	SYNTYNYT
KORTIT	VIISAUS
LAULU	SPESIELL
JUHLA	AIKA

63 - Animaux de Compagnie

```
V Y H I H N A E G K H C Z K
A D Z V B N T P K Y A U G I
L H W J Z D A D U N M N B L
V O I N D G C J S N S L I P
K K A T T U N G E E T E W I
H K A L A A R M K T E H S K
P A P U K A I J A H R M D O
O R Z K L N V U O H I Ä Z N
R U H P A U E P Y R S T Ö N
W O I R E N S U K W A L U A
D K I R A N I L I S K O J E
U A R R H O T S S I C A D P
K O I R A H R U S L F N W R
Y L Z A Y B Z U A Z G V D A
```

KISSA	KANI
KATTUNGE	LISKO
VUOHI	RUOKA
KOIRA	PAPUKAIJA
PENTU	KALA
KAULUS	PYRSTÖ
VESI	HIIRI
KYNNET	KILPIKONNA
HAMSTERI	LEHMÄ
HIHNA	

64 - Forêt Tropicale

```
E  N  T  I  S  Ö  I  N  T  I  O  T  G  N
Z  N  V  L  U  O  N  T  O  U  L  R  Y  I
S  Ä  I  L  Y  T  T  Ä  M  I  N  E  N  S
R  R  I  R  J  F  W  S  M  D  P  S  Z  Ä
V  Z  D  V  H  H  L  W  U  K  R  P  L  K
B  Q  A  D  A  E  F  P  M  U  S  E  D  K
A  J  K  V  Q  Q  V  L  S  B  N  K  J  Ä
P  Y  K  H  Y  Q  L  L  A  J  I  T  C  Ä
I  P  O  M  H  V  K  I  M  G  L  D  A  T
L  Q  F  N  T  Q  Z  N  M  R  M  Y  C  E
V  Q  U  T  E  N  L  T  A  H  A  H  E  V
I  Y  N  T  I  M  V  U  L  D  S  W  F  E
V  W  I  N  S  E  K  T  E  R  T  C  P  Z
B  F  D  E  Ö  Y  V  A  R  V  O  K  A  S
```

ILMASTO	PILVI
YHTEISÖ	LINTU
LAJIT	ARVOKAS
INSEKTER	SÄILYTTÄMINEN
VIIDAKKO	SUUNTA
NISÄKKÄÄT	RESPEKT
SAMMAL	ENTISÖINTI
LUONTO	

65 - Insectes

```
K H S C L P A G C K U J Z H
I Y U G E E M R M I M W H M
R T D U P R P E E I C M E U
P T E K P H I S H H T A Q U
P Y N G Ä O A S I Y S T D R
U N K K K N I H L V I O A A
V E O I E E N O Ä A R J W H
H N R G R N E P I Q K W E A
O W E J T V N P N J K I G I
R P N Y T V A E E C A Q K N
N G T O U K K A N E B Z B E
E J O T O R A K K A J R G N
T E R M I I T T I Y Q B Q W
H E I N Ä S I R K K A O J K
```

MEHILÄINEN	SUDENKORENTO
TORAKKA	SIRKKA
CICADA	HYTTYNEN
LEPPÄKERTTU	PERHONEN
GRESSHOPPE	KIRPPU
MUURAHAINEN	KIRVA
HORNET	HEINÄSIRKKA
AMPIAINEN	TERMIITTI
TOUKKA	MATO

66 - Ferme #1

```
P  D  D  L  P  B  L  E  H  M  Ä  M  H  L
D  V  Y  C  A  A  I  T  A  J  S  A  U  A
I  Z  K  O  R  P  C  I  L  Q  J  A  N  N
L  I  B  K  V  I  Z  S  S  K  F  T  A  N
V  R  N  Z  I  Z  I  K  U  O  B  A  J  O
T  L  P  F  D  Z  S  S  O  I  N  L  A  I
M  E  Z  J  T  D  V  Y  I  R  V  O  P  T
Y  M  T  K  V  G  U  F  O  A  Z  U  Q  E
K  I  S  S  A  C  O  O  W  H  D  S  H  C
A  E  L  T  M  E  H  I  L  Ä  I  N  E  N
N  D  N  Q  B  C  I  V  A  R  I  S  I  A
A  Q  O  T  T  H  H  E  V  O  N  E  N  A
Q  T  H  B  T  V  A  S  I  K  K  A  Ä  S
B  D  Y  U  N  Ä  A  I  U  E  V  A  R  I
```

MEHILÄINEN	VARIS
MAATALOUS	VESI
AASI	LANNOITE
BIISON	HEINÄ
KENTTÄ	HUNAJA
KISSA	KANA
HEVONEN	RIISI
VUOHI	PARVI
KOIRA	LEHMÄ
AITA	VASIKKA

67 - Escalade

```
T  L  V  A  K  A  U  S  V  D  F  S  H  Z
A  V  A  M  M  A  S  Q  L  R  Y  A  A  R
C  I  H  A  F  G  R  T  S  J  Y  A  A  B
K  W  V  A  E  B  V  T  V  I  S  P  S  Y
O  L  U  O  L  A  V  G  T  D  I  P  T  O
R  F  U  L  U  G  J  A  V  A  N  A  E  W
K  Ä  S  I  N  E  E  T  E  H  E  A  E  F
E  Y  Y  G  L  V  B  S  L  L  N  T  T  K
U  J  R  M  B  M  I  E  P  F  L  T  C  A
S  C  O  T  U  N  A  Z  F  W  D  U  Z  P
J  U  T  E  L  I  A  I  S  U  U  S  S  E
K  O  U  L  U  T  U  S  N  Z  C  G  K  A
K  D  K  Y  P  Ä  R  Ä  M  E  O  L  W  Q
Q  Z  C  C  N  Q  W  E  C  B  N  G  L  C
```

KORKEUS	VAHVUUS
ILMAINEN	KOULUTUS
VAMMA	KÄSINEET
SAAPPAAT	LUOLA
KARTTA	FYYSINEN
KYPÄRÄ	VAELLUS
UTELIAISUUS	VAKAUS
HAASTEET	MAA
KAPEA	

68 - École #2

```
K U A K S L Y I J Y K Y N Ä
I N N I A A U B K K I T K L
R S I E N O K U O V R I O U
J N N L A P I S P U J E U K
A R B I K P R S E M A T L E
T L V O I I J I T T L O U M
K P T P R M A K T O L K T I
U E W P J I S W A I I O U N
J L N I A N T P J M S N S E
H I J G U E O A A I U E I N
G T F H Ä N M P I N U I I W
T I E D E T V E P T S T T E
K A L E N T E R I A H I A U
M A T E M A T I I K K A N S
```

TOIMINTA	KOULUTUS
OPPIMINEN	KIELIOPPI
KIRJASTO	PELIT
BUSSI	LUKEMINEN
KALENTERI	KIRJALLISUUS
KENGÄT	KIRJAT
SAKSET	MATEMATIIKKA
LYIJYKYNÄ	TIETOKONE
SANAKIRJA	PAPERI
OPETTAJA	TIEDE

69 - Antarctique

```
T M K I Y M P Ä R I S T Ö S
B I G I S J Z N N W T O G Ä
G N E Y V B B Q Z E T M M I
H E N T Q I R D J A U A A L
O R C U E W N E V D T A A Y
J A P F O E G E E A K N N T
S A A R E T L L N R I O T T
S L V E S I K L I G J S I Ä
V I L Ä M P Ö T I L A A E M
V A L A S T J Ä Ä N K S D I
A H I U Q V V G C Q E D E N
R K N N I E M I M A A N L E
R E T K I K U N T A C L C N
A M U U T T O L A H T I H A
```

LAHTI
VALAS
TUTKIJA
SÄILYTTÄMINEN
MAANOSA
VESI
YMPÄRISTÖ
RETKIKUNTA
MAANTIEDE
JÄÄN

ISBREER
SAARET
MUUTTO
MINERAALI
LINTU
NIEMIMAA
KIVINEN
TIETEELLINEN
LÄMPÖTILA

70 - Professions #2

```
P T C N C P G U O A A T I V
H U U G Z C O S P Z S A N A
A B U T I W T D E R T I S L
M Y D T K R K A T V R D I O
M J E T A I E L T I O E N K
A O T F N R J U A L N M Ö U
S B S I G T H A J J A A Ö V
L K I L K D W U A E U A R A
Ä Y V O H M O Y R L T L I A
Ä V Ä S L L D I T I T A L J
K S E O Z O F Y C J I R D A
Ä B F F O R G P A Ä H I P D
R H Y I K U V I T T A J A V
I T O I M I T T A J A S E K
```

VILJELIJÄ	KUVITTAJA
ASTRONAUTTI	INSINÖÖRI
BIOLOGI	PUUTARHURI
TUTKIJA	TOIMITTAJA
HAMMASLÄÄKÄRI	TAIDEMAALARI
ETSIVÄ	FILOSOFI
OPETTAJA	VALOKUVAAJA

71 - Les Abeilles

```
P  K  A  K  U  K  K  A  F  I  D  H  Q  U
O  U  U  G  U  H  S  W  S  G  S  Y  E  P
L  N  R  H  Z  K  P  Z  I  J  I  Ö  U  D
L  I  I  G  I  Z  A  W  I  J  I  D  N  S
I  N  N  V  J  P  R  T  V  C  T  Y  W  T
N  G  K  Z  A  K  V  H  E  D  E  L  M  Ä
A  A  O  W  B  P  I  P  T  Z  P  L  H  C
T  T  P  S  I  E  Q  U  E  T  Ö  I  U  C
O  A  D  E  A  E  U  U  W  A  L  N  N  Y
R  R  K  A  S  V  I  T  B  Q  Y  E  A  K
U  F  Z  C  S  Ä  U  A  E  I  R  N  J  G
O  P  T  P  V  O  C  R  W  I  S  Y  A  V
K  A  Y  W  V  J  Z  H  F  I  A  K  O  A
A  C  W  J  P  A  R  A  F  I  I  N  I  L
```

SIIVET	HUNAJA
HYÖDYLLINEN	RUOKA
PARAFIINI	KASVIT
PARVI	SIITEPÖLY
KUKKA	POLLINATOR
KUKAT	KUNINGATAR
HEDELMÄ	PESÄ
SAVU	AURINKO
PUUTARHA	

72 - Dinosaures

```
L D A P Q T E U S B Q D A I
K I Z N Y D J K S W U B W G
F A H C H Z E I U K H E M P
U O T A M A M M U T T I A Y
S L S O N G H E R I S G A R
O A I S A S V O I M A K A S
I J I M I M Y R Z W A M R T
K I V P W I I Ö H W L A A Ö
O T E M F I L N J T I T P H
K R T V Q C W I E Ä S E T Ä
O V A L T A V A T N D L O I
K A S V I N S Y Ö J Ä I R J
E V O L U U T I O K V J A Y
E E P G L L L V P U S A P J
```

SIIVET	MAMMUTTI
LIHANSYÖJÄ	SAALIS
KATOAMINEN	VOIMAKAS
LAJIT	PYRSTÖ
VALTAVA	RAPTOR
EVOLUUTIO	MATELIJA
FOSSIILIT	KOKO
SUURI	MAA
KASVINSYÖJÄ	HÄIJY

73 - Conduite

```
K  F  N  J  U  G  Z  J  T  P  T  K  M  U
K  U  L  J  E  T  U  S  U  I  J  U  O  L
A  Y  I  A  Y  O  J  W  R  R  E  K  O  I
A  A  S  R  A  N  A  G  V  T  R  A  T  I
S  U  E  R  U  N  L  P  A  U  L  M  T  K
U  T  N  U  T  E  A  O  L  N  I  O  O  E
G  O  S  T  O  T  N  L  L  N  N  O  R  N
V  T  S  R  K  T  K  I  I  E  O  T  I  N
I  A  I  P  A  O  U  I  S  L  P  T  P  E
D  L  A  G  R  M  L  S  U  I  E  O  Y  N
V  L  H  F  T  U  K  I  U  Y  U  R  Ö  Y
R  I  Z  Q  T  U  I  B  S  N  S  I  R  G
V  A  A  R  A  S  J  C  E  B  Q  V  Ä  D
P  O  L  T  T  O  A  I  N  E  J  Q  N  T
```

ONNETTOMUUS	MOOTTORIPYÖRÄ
KUKA	JALANKULKIJA
POLTTOAINE	POLIISI
KARTTA	TIE
VAARA	TURVALLISUUS
JARRUT	LIIKENNE
AUTOTALLI	KULJETUS
KAASU	TUNNELI
LISENSSI	NOPEUS
MOOTTORI	AUTO

74 - Plantes

```
D K M B U P L V S L H Q I M
N A E P J U U R I A L A E R
Y S T D N S H T P K M Z T J
U V S P L K D G P A K M P Z
P I Ä Y Q A P C G S S M A D
U T G I C B N B U V G Z P L
U I K N U V Q N W A P U U E
T E O M R Z L K O A Y J P H
A D Z K A K T U S I H B D T
R E C U U R W K M I T N U I
H R U O H O J K R P W E T E
A I C C P K K A M Y Z W D N
Z F K K A S V I S T O B F P
B A M B U M U R A T T I E E
```

PUU
MARJA
BAMBU
KASVITIEDE
PUSKA
KAKTUS
LANNOITE
LEHTIEN
KUKKA

KASVISTO
METSÄ
KASVAA
PAPU
RUOHO
PUUTARHA
MURATTI
SAMMAL
JUURI

75 - Ferme #2

```
A M A I T O W L L Q V T I H
H E D E L M Ä P A O I C E E
J H I K C L C A A K H I E D
N I I T T Y A I M W A W L E
V L L K M T V M A B N L Ä L
F Ä E A W N N E M Q N P I M
U I T R B S N H A E S M Ä
W S R I U R T O H N S D E T
A P A T R O F F L Y Ä Y T A
L E K S K Y K M A I S S I R
A S T A I S K A S T E L U H
T Ä O V A N M T M A N K K A
O H R A U M J I E S R K V Y
J V I L J E L I J Ä M R W E
```

KARITSA	LAAMA
VILJELIJÄ	VIHANNES
ELÄIMET	MAISSI
PAIMEN	LAMMAS
VEHNÄ	RUOKA
ANKKA	OHRA
HEDELMÄ	NIITTY
LATO	MEHILÄISPESÄ
KASTELU	TRAKTORI
MAITO	HEDELMÄTARHA

76 - École #1

```
W G R K H V H E S F N T V L
V A W I A K O K E E T I A O
B R U R U Y P U M K U E S U
N I D J S N P G A I O T T N
A U C A Ä I H T R L O A A A
Q A M T A T A T E J I K U S
O J K E A B K Y M A P I K M
V P K K R Z A Ö A S A L S U
V A E U O O Y P T T P P I A
J L B T I S A Ö I O E A A T
I W O E T I E Y I U R I S K
A J G U J A Q T K V I L Y M
Y S T Ä V Ä J Ä K V Z U N W
K A N S I O Q A A J Y Y M D
```

AAKKOSET	KANSIO
YSTÄVÄ	OPETTAJA
HAUSKAA	KOKEET
OPPIA	KIRJAT
KIRJASTO	MATEMATIIKKA
TYÖPÖYTÄ	NUMERO
TUOLI	PAPERI
KYNÄT	TIETOKILPAILU
LOUNAS	VASTAUKSIA

77 - Vacances #2

```
V  F  V  C  P  B  T  N  W  O  Z  M  H  D
K  T  E  L  T  T  A  K  R  S  A  A  R  I
H  U  L  K  O  M  A  A  L  A  I  N  E  N
O  O  O  F  U  I  Q  R  S  F  N  R  H  M
S  N  T  V  A  R  A  U  K  S  E  T  T  P
K  M  K  E  L  K  O  U  L  U  T  T  A  A
U  A  Q  P  L  O  L  O  M  A  V  J  K  S
L  T  R  T  N  L  E  V  E  M  A  C  S  S
J  K  H  T  N  Z  I  I  R  G  P  I  I  I
E  A  W  A  T  T  N  I  I  T  A  A  Y  O
T  O  S  K  Q  A  E  S  J  M  A  J  U  B
U  K  O  H  D  E  L  U  F  T  H  A  V  N
S  Y  P  M  K  C  A  M  P  I  N  G  H  S
K  Z  H  Y  R  A  V  I  N  T  O  L  A  K
```

LUFTHAVN	RANTA
CAMPING	RAVINTOLA
KARTTA	VARAUKSET
KOHDE	TAKSI
ULKOMAALAINEN	TELTTA
HOTELLI	KOULUTTAA
SAARI	KULJETUS
VAPAA	LOMA
MERI	VIISUMI
PASSI	MATKA

78 - Temps

```
G V U O S I S A T A I T H I
K S E T C W F Z U S G F K G
A B Q Z T L H J L O Y C U Y
L O I P Ä I V Ä E F T T U G
E V V K N M Q L V I I K K O
N I G R Ä Y V K A U R Z A T
T P L H Ä V T E I E O O U R
E I N E N R Q E S G P S S Z
R A Z E N M I N U U T T I K
I N E N N E N P U K B Q T E
T U N N I N Y Ö S A A M U L
V U O S I K Y M M E N E L L
K E S K I P Ä I V Ä T C L O
P E M N F T P R R Y U E N F
```

VUOSI
JÄLKEEN
TÄNÄÄN
ENNEN
PIAN
KALENTERI
VUOSIKYMMEN
TULEVAISUUS
TUNNIN
EILEN

KELLO
PÄIVÄ
NYT
AAMU
KESKIPÄIVÄ
MINUUTTI
KUUKAUSI
YÖ
VIIKKO
VUOSISATA

79 - Maison

```
L A M P P U H W M P F E V R
S U I H K U U Z L S C F E M
H E U U L G O M A R G J R F
S N I T J Z N N S B R E H G
C Ø I N A K E L L A R I O I
O K V Z Ä I E T A K K A T K
V L P E I L I I I C Q V P K
I E K I R J A S T O V W U U
S R K A T T O M A T T O U N
U L L A K K O E Q R I K T A
G J A U T O T A L L I Ö A H
H A D A N D M L R W A Z R M
I I Z L O M Y V I M D Q H E
G K S K V F Y M F A L T A Z
```

LUUTA	ULLAKKO
KIRJASTO	PUUTARHA
HUONE	LAMPPU
TAKKA	PEILI
NØKLER	SEINÄ
AITA	OVI
KEITTIÖ	VERHOT
SUIHKU	KELLARI
IKKUNA	MATTO
AUTOTALLI	KATTO

80 - Légumes

```
O  S  K  S  P  G  P  I  N  A  A  T  T  I
A  I  A  E  R  E  P  O  R  K  K  A  N  A
M  P  Y  L  E  V  R  S  I  E  N  I  A  I
N  U  F  L  T  A  M  S  W  F  P  Q  U  N
S  L  W  E  I  L  U  A  I  O  D  E  R  K
K  I  K  R  I  K  N  L  O  L  Y  O  I  I
K  U  U  I  S  O  A  A  K  N  J  E  S  V
T  E  R  H  I  S  K  A  A  H  O  A  H  Ä
J  Q  P  K  I  I  O  T  O  T  Y  K  E  Ä
G  C  I  Y  K  P  I  T  T  L  Q  J  R  R
S  I  T  M  C  U  S  I  R  I  I  C  N  I
C  Q  S  G  P  L  O  Z  H  T  N  I  E  F
A  Y  A  R  T  I  S  O  K  K  A  T  V  Q
P  A  R  S  A  K  A  A  L  I  N  J  W  I
```

VALKOSIPULI	PINAATTI
ARTISOKKA	INKIVÄÄRI
MUNAKOISO	NAURIS
PARSAKAALI	SIPULI
PORKKANA	OLIIVI
SELLERI	PERSILJA
SIENI	HERNE
KURPITSA	RETIISI
KURKKU	SALAATTI

81 - Plage

```
S  I  N  I  N  E  N  U  Y  E  M  J  L  S
M  B  C  I  E  K  P  D  M  G  E  T  A  A
C  Y  I  W  Y  M  B  Y  K  P  R  T  G  T
V  F  S  R  I  U  T  T  A  Y  I  Z  U  E
E  P  A  W  K  E  Q  O  K  Y  Y  P  U  E
N  R  N  S  Y  U  S  N  H  H  D  H  N  N
E  I  D  V  A  L  T  A  M  E  R  I  I  V
I  Y  A  P  A  A  J  U  D  H  A  E  W  A
B  Z  A  A  F  Q  R  R  T  F  N  K  P  R
T  E  L  A  K  K  A  I  Z  W  N  K  M  J
O  W  I  G  Y  D  P  N  U  D  I  A  F  O
T  R  T  E  S  R  U  K  T  U  K  P  G  V
H  R  A  D  R  N  L  O  M  A  K  M  N  J
P  U  R  J  E  V  E  N  E  P  O  E  Z  P
```

VENE	SATEENVARJO
SININEN	RIUTTA
RANNIKKO	HIEKKA
RAPU	SANDAALIT
TELAKKA	PYYHE
SAARI	AURINKO
LAGUUNI	LOMA
MERI	PURJEVENE
VALTAMERI	

82 - Famille

```
V A I M O H A Y P N Z C I J
M E P D Q J R M I P I L S O
R Q L I S O I S Ä S H A O S
P K N I R L J I O G Ä P Ä T
B T R B S G G S S D A S I A
L N Ä I D I N K E H L U T M
A N J N T R F O R Y B U I F
P E H H W W C K K Ä J S S A
S F L O A V K L K I S Ä N R
I P C A G I F A U T L J Z F
M V E L J E N P O I K A K R
R I N M T B N S C Z I K V J
C Q E R A E U E U K S E T Ä
H R Z S D A R T Y T Ä R U W
```

STAMFAR   ISOISÄ
SERKKU   MIES
LAPSUUS   ÄIDIN
LAPSI   ÄITI
LAPSET   VELJENPOIKA
VAIMO   SETÄ
TYTÄR   ISÄN
VELI   ISÄ
ISOÄITI   SISKO

83 - Oiseaux

```
H  P  P  I  N  G  V  I  I  N  I  R  I  F
A  E  J  O  C  O  A  E  L  G  J  I  P  L
N  L  E  L  G  N  N  S  D  R  O  I  L  A
H  I  H  O  P  F  K  C  V  P  U  K  Y  M
I  K  Ä  K  I  Z  K  W  M  A  T  I  V  I
H  A  I  K  A  R  A  O  R  P  S  N  A  N
E  A  I  I  D  A  O  I  T  U  E  K  R  G
R  N  S  T  R  U  T  S  I  K  N  U  P  O
N  I  U  E  C  V  W  L  D  A  A  K  U  Z
M  U  N  A  C  K  A  G  J  I  D  K  N  E
L  A  I  J  A  A  O  R  V  J  Z  O  E  G
K  Q  I  I  L  N  T  V  I  A  L  I  N  G
C  Y  K  I  T  A  G  D  Y  S  I  G  C  K
K  A  N  A  R  I  F  U  G  L  O  A  Y  J
```

KOTKA	PINGVIINI
STRUTSI	VARPUNEN
ANKKA	LOKKI
KANARIFUGL	MUNA
HAIKARA	HANHI
VARIS	RIIKINKUKKO
KÄKI	PAPUKAIJA
JOUTSEN	PELIKAANI
FLAMINGO	KANA

84 - Disciplines Scientifiques

```
T B E K O L O G I A I R A A
M Ä I K K J D A C P M O R N
I G H O L B O D I P M B K A
N G D T K S T S P C U O E T
E E K Y I E Q H G O N T O O
R O U M Z T M U E S O I L M
A L G R R S I I E V L I O I
L O A I O Q P E A T O K G A
O G K Z O L Q I D B G K I M
G I G C Q P O I C E I A A D
I A K E M I A G H E A N K M
A M K M E K A N I I K K A D
B I O L O G I A N A C D P L
Z A G P S Y K O L O G I A Z
```

ANATOMIA
ARKEOLOGIA
TÄHTITIEDE
BIOKEMIA
BIOLOGIA
KEMIA
EKOLOGIA

GEOLOGIA
IMMUNOLOGIA
MEKANIIKKA
MINERALOGIA
NEUROLOGIA
PSYKOLOGIA
ROBOTIIKKA

85 - Émotions

```
I  K  Ä  V  Y  S  T  Y  M  I  N  E  N  M
L  R  V  P  I  U  I  L  J  Q  B  T  C  Y
O  M  E  E  F  U  Z  S  R  L  K  L  Z  Ö
Z  R  W  L  G  T  Z  R  Ä  D  I  M  K  T
R  A  K  K  A  U  S  P  E  L  E  B  I  Ä
A  I  P  O  G  T  O  W  E  O  T  Q  V  T
H  E  L  P  O  T  U  S  A  S  Q  Ö  H  U
S  G  R  Y  O  A  P  V  O  Y  M  U  U  N
R  J  B  L  J  A  E  D  F  Y  U  Y  H  T
G  E  P  L  O  R  A  U  H  A  S  Q  V  O
E  Q  N  Ä  J  H  W  D  E  L  T  F  G  M
C  O  S  T  I  N  N  O  I  S  S  A  A  N
Q  H  Y  Y  O  N  N  L  U  A  H  V  Z  C
T  A  O  S  H  E  L  L  Y  Y  S  K  S  G
```

RAKKAUS	RAUHA
SUUTUTTAA	PELKO
SISÄLTÖ	HELPOTUS
RENTO	YLLÄTYS
IKÄVYSTYMINEN	MYÖTÄTUNTO
INNOISSAAN	HELLYYS
ILO	

86 - Géographie

```
L S W I H S Z V O P A M C A
Ä E A T L A S K D R J N J M
N T V A A Q P O K N T Z O E
S E U E R D U R N A S A K R
I L O V Y I W K A O R T I I
C Ä R F G S M E R I P T I D
S Q I Y P E A U I J C H T I
P I T U U S A S T E A A M A
B A L U E A N T T Z N L A A
A F P O H J O I N E N V A N
A C O G T G S K P L G K I I
Q I A W W M A A S S A U L M
V A L T A M E R I S I L M H
Q K A U P U N K I U Z E A L
```

KORKEUS	MERIDIAANI
ATLAS	MAAILMA
KARTTA	VUORI
MAANOSA	POHJOINEN
JOKI	VALTAMERI
HALVKULE	LÄNSI
SAARI	MAASSA
LEVEYSASTE	ALUE
PITUUSASTE	ETELÄ
MERI	KAUPUNKI

87 - Danse

```
T K K H A S G R C L K N V Q
U L U A R K T Y C I F E E W
N A L R M O A H M I Q W H J
N S T J O R I T N K D V P O
E S T O T E D I E E Q I E H
U I U I E O E L K M I S R A
F N U T U G Y O Z U I U I L
K E R U R R I U S V A N D
B N I K A A N N V I Y A T D
S A M S L F P E R I C L E V
R S K E U I P N Y K H I I Z
N C O T K A J C T K G N N C
I L M E I K Ä S M I O E E R
K U M P P A N I I Y G N N R
```

AKATEMIA
TAIDE
KOREOGRAFIA
KLASSINEN
KEHO
KULTTUURI
ILMEIKÄS
TUNNE
ARMO

ILOINEN
LIIKE
MUSIIKKI
KUMPPANI
RYHTI
HARJOITUKSET
RYTMI
PERINTEINEN
VISUAALINEN

88 - Bâtiments

```
T M F N L Ä H E T Y S T Ö N
E L Ö C R H U O N E I S T O
A A Q K O U L U T E L T T A
T B F K K M F W C E B P O U
T O I S O I J H J P L G R D
E R S A I R A A L A N L N N
R A O B S E R V A T O R I O
I T L J T A U T O T A L L I
C O A B A M U S E O Z I J Q
Z R T L D T E H D A S N S Z
W I O H I L R C U A R N U U
U O D R O R M J Y J K A V J
E O P M N S U E L O K U V A
S U P E R M A R K E T A W Q
```

LÄHETYSTÖ   LABORATORIO
HUONEISTO   MUSEO
MÖKKI   OBSERVATORIO
LINNA   STADION
ELOKUVA   SUPERMARKET
KOULU   TELTTA
AUTOTALLI   TEATTERI
LATO   TORNI
SAIRAALA   TEHDAS
HOTELLI

89 - Pêche

```
G  S  Y  T  D  Y  K  A  U  S  I  C  F  D
J  Y  Q  Z  R  J  O  K  I  E  M  T  N  T
E  Ö  R  M  Y  Ä  U  D  I  T  V  S  A  Å
L  T  U  G  T  R  K  V  V  N  H  Q  C  L
L  T  Y  K  O  V  K  P  A  I  N  O  V  M
E  I  L  V  T  I  U  L  L  V  E  N  E  O
N  U  P  K  E  W  Z  E  T  E  L  D  B  D
E  K  N  O  P  S  H  W  A  V  U  Y  B  I
I  O  H  K  M  F  I  I  M  K  C  K  G  G
S  R  G  K  W  A  D  D  E  Q  Y  J  A  H
I  I  M  I  I  B  O  U  R  A  N  T  A  E
M  H  Z  S  F  N  L  A  I  T  T  E  E  T
S  O  V  E  R  D  R  I  V  E  L  S  E  D
V  S  Z  C  E  G  B  Z  A  K  W  K  L  V
```

SYÖTTI	JÄRVI
VENE	LEUKA
GJELLENE	VALTAMERI
KOUKKU	KORI
KOKKI	TÅLMODIGHET
VESI	RANTA
OVERDRIVELSE	PAINO
LAITTEET	KAUSI
JOKI	

90 - Activités et Loisirs

```
R  H  O  J  A  L  K  A  P  A  L  L  O  I
Y  E  A  S  S  U  K  E  L  L  U  S  V  O
P  R  N  R  T  M  A  T  K  U  S  T  A  A
G  P  B  T  R  O  T  A  I  D  E  G  S  Y
C  P  N  H  O  A  K  I  L  P  A  T  G  K
V  A  E  L  L  U  S  S  F  K  P  C  G  A
J  H  K  U  E  E  T  T  E  N  N  I  S  L
C  A  M  P  I  N  G  T  U  T  G  R  U  A
R  G  W  L  O  C  V  N  A  K  G  A  I  S
K  O  R  I  P  A  L  L  O  V  S  G  M  T
M  L  M  A  A  L  A  U  S  E  A  E  A  U
R  F  B  A  S  E  B  A  L  L  D  I  T  S
L  E  N  T  O  P  A  L  L  O  M  R  J  H
U  N  Y  R  K  K  E  I  L  Y  H  Z  V  P
```

OSTOKSET	HARRASTUKSET
TAIDE	MAALAUS
BASEBALL	KALASTUS
KORIPALLO	SUKELLUS
NYRKKEILY	VAELLUS
CAMPING	RENTOUTTAVA
KILPA	TENNIS
JALKAPALLO	LENTOPALLO
GOLF	MATKUSTAA
UIMA	

91 - Livres

```
K  J  V  M  S  U  K  T  R  K  T  K  O  E
A  F  G  J  J  E  E  S  E  E  A  O  A  E
K  Q  H  U  P  N  K  V  L  R  R  N  V  P
S  R  U  N  O  U  S  G  E  T  I  T  Q  P
I  K  M  G  M  R  E  U  V  O  N  E  G  I
N  O  O  K  P  F  L  P  A  J  A  K  S  N
A  K  R  N  V  M  I  O  A  A  O  S  A  E
I  O  I  O  R  Z  Ä  T  N  T  D  T  R  N
S  E  S  Y  M  U  S  U  T  E  K  I  J  Ä
U  L  T  F  U  A  N  S  I  C  L  D  A  C
U  M  I  P  I  S  A  O  A  K  O  O  L  P
S  A  N  F  S  G  I  N  L  U  K  I  J  A
D  P  E  J  M  Q  O  V  I  P  U  B  Q  M
K  Y  N  K  U  A  A  Z  U  V  L  A  Z  U
```

TEKIJÄ   LUKIJA
KOKOELMA   KERTOJA
KONTEKSTI   SIVU
KAKSINAISUUS   RELEVAANTIA
EEPPINEN   RUNO
TARINA   RUNOUS
HUMORISTINEN   ROMAANI
UPOTUS   SARJA
KEKSELIÄS

92 - Pays #2

```
D S U T P Z H R N R N Y L R
S T H A I T I S J B A I A L
G P I N D O N E S I A S O M
D F E S S O M A L I A L S E
A D S K S G J A P A N I P B
E H Y A U K L A A A I O A Z
Z K Y O D E W I M E K L K U
K I R L A N T I B A I S I O
Z M I E N I Z Z R A I R S Q
R S A U G A N D A O N K T A
J M E K S I K O N B A O A C
A L B A N I A R S K H I N K
V E N Ä J Ä P U K R A I N A
H H M N Y Q C U A D M A O T
```

ALBANIA	LAOS
KIINA	LIBANON
TANSKA	MEKSIKO
RANSKA	UGANDA
HAITI	PAKISTAN
INDONESIA	VENÄJÄ
IRLANTI	SOMALIA
JAMAIKA	SUDAN
JAPANI	SYYRIA
KENIA	UKRAINA

93 - Fournitures d'Art

```
W  H  S  T  N  H  A  R  J  A  T  J  T  A
P  P  S  V  E  L  E  K  W  I  Q  G  Q  D
Y  Ö  Y  D  Ä  Q  Z  J  R  M  U  S  T  E
Y  Y  A  D  S  R  H  Q  K  Y  V  U  I  W
H  T  M  A  A  L  I  T  A  Ö  Y  M  Z  O
E  Ä  B  Y  V  U  Z  U  M  L  O  L  Q  Q
K  V  E  S  I  O  B  O  E  J  I  I  I  I
U  Y  S  Y  R  V  S  L  R  Y  W  I  K  I
M  L  N  C  K  U  K  I  A  Y  T  M  F  G
I  P  V  Ä  Z  U  V  U  E  R  R  A  V  Z
G  C  E  W  B  S  I  D  E  O  I  T  A  Y
Q  Z  B  P  V  P  I  T  P  A  P  E  R  I
I  M  A  A  L  A  U  S  T  E  L  I  N  E
S  S  Y  B  A  K  V  A  R  E  L  L  I  T
```

AKRYYLI	LUOVUUS
AKVARELLIT	VESI
SAVI	MUSTE
HARJAT	PYYHEKUMI
KAMERA	ÖLJY
TUOLI	IDEOITA
MAALAUSTELINE	PAPERI
LIIMA	MAALIT
VÄRI	PÖYTÄ
KYNÄ	

94 - Jouets

```
P P N N K E S A V I V U M D
O E A U T O Z H E Q O C I O
L L M K G T Q V N N P P E U
K I A K W B G L E I J A L B
U T A E F H M P E P P L I K
P J L R U M M U T C Z L K I
Y K I A O U E P B R D O U R
Ö L T K G B M H J K A O V J
R S Q I M Q O S H A K K I A
Ä F K O U L U T T A A F T T
S U O S I K K I T K V U U L
J V P A L A P E L I U E S E
U K I F G Y M K S N E K N F
L E N T O K O N E J G K A E
```

SAVI	PELIT
VENEET	KIRJAT
LENTOKONE	MAALIT
PALLO	NUKKE
VENE	PALAPELI
KUKA	ROBOTTI
LEIJA	RUMMUT
SHAKKI	KOULUTTAA
SUOSIKKI	POLKUPYÖRÄ
MIELIKUVITUS	AUTO

95 - Eau

```
H  S  A  D  E  K  G  H  M  R  F  S  K  T
H  U  R  R  I  K  A  A  N  I  D  T  O  U
H  I  V  K  A  A  P  A  K  W  R  C  S  L
A  H  A  I  T  S  I  A  L  A  B  O  T  V
I  K  L  N  S  T  Z  Q  K  T  N  S  E  A
H  U  T  C  M  E  C  J  S  K  O  A  A  Z
T  D  A  H  O  L  I  Ä  M  Q  A  Y  V  D
U  V  M  Ö  N  U  J  Ä  R  V  I  N  R  A
M  G  E  Y  S  I  R  N  J  O  K  I  E  A
I  U  R  R  U  L  U  M  I  T  U  Z  U  N
N  B  I  Y  U  K  O  S  T  E  U  S  H  B
E  Z  L  N  N  Z  I  W  J  H  A  M  V  G
N  I  J  N  I  C  H  T  Z  A  A  A  Y  D
U  F  R  D  R  P  W  I  G  B  G  Y  K  Q
```

KANAVA	KASTELU
SUIHKU	JÄRVI
HAIHTUMINEN	MONSUUNI
JOKI	LUMI
PAKKANEN	VALTAMERI
GEYSIR	HURRIKAANI
JÄÄN	SADE
KOSTEA	AALTO
KOSTEUS	HÖYRY
TULVA	

96 - Paysages

```
L Q U K V U O R I O D T G P
S L E K M E R I C H L U V A
S U J I P J S W G D A N O I
V O O U M Ä K I G P J D L K
C L K B Y Ä I Z P R Ä R C D
W A I T G V J Z L U Ä A A L
O D L U E U M A T N T R N A
J T S I Y O S K O P I O O A
K Ä Z R S R U E R Q K O U K
D K R O I I I I V Y K P K S
A J A V R P S D S A Ö E K O
P Q N H I R T A A V I K K O
K E T G I W O S S A A R I A
C U A N I E M I M A A T U I
```

VESIPUTOUS	JÄRVI
MÄKI	SUO
AAVIKKO	MERI
SUISTO	VUORI
JOKI	KEIDAS
GEYSIR	NIEMIMAA
JÄÄTIKKÖ	RANTA
LUOLA	TUNDRA
JÄÄVUORI	LAAKSO
SAARI	VOLCANO

97 - Nombres

```
K A H D E K S A N D V E M K
K A T I E C V Q E E I G A A
U N K I O K T N L S I Z T K
U O S S Y K S I J I S S E S
S L D S I O B C Ä M I E M I
I L Y H Y T B A T A T I A K
Y A B Q H N O P O A O T T Y
M C U F D Q A I I L I S I M
K Y M M E N E N S I S E I M
K Z Y I K E K P T T M K E
F A L D S L V O A L A Ä K N
G F K K Ä J B C L D E N A T
F K C S N Ä E B A M J D V Ä
S F T W I V I I S I E F B N
```

VIISI   NELJÄ
KAKSI   VIISITOISTA
DESIMAALI   SEITSEMÄN
KYMMENEN   KUUSI
KAKSITOISTA   KOLME
KAHDEKSAN   YKSI
MATEMATIIKKA   KAKSIKYMMENTÄ
YHDEKSÄN   NOLLA
NELJÄTOISTA

98 - Nature

```
D K S T N W V M Y I E J E P
Y R A U R Y W Q K H R Ä L P
N J U U O O W P W C O Ä Ä G
A E M V N J O K I T O T I P
A W E U Z E A P J L S I M I
M F H O L J U Y P V I K E L
I A I R Y L I S Y I O K T V
N A L E F E Q E H L N Ö S I
E V Ä T J H A L Ä L K E J T
N I I M E T S Ä K I M N N Ä
Y K N J A I U F K N B U O R
G K E I R E M D Ö Z S A J K
V O N V J N U F C C P J P E
R A U H A L L I N E N E I Ä
```

MEHILÄINEN   METSÄ
SUOJA   JÄÄTIKKÖ
ELÄIMET   VUORET
KAUNEUS   PILVI
SUMU   PYHÄKKÖ
AAVIKKO   VILLI
DYNAAMINEN   RAUHALLINEN
EROOSIO   TROOPPINEN
LEHTIEN   TÄRKEÄ
JOKI

99 - Bateaux

```
R  S  M  K  P  O  I  J  U  J  Q  S  Y  K
Q  R  T  A  U  L  M  E  R  I  O  G  N  A
J  O  E  J  R  L  A  A  L  T  O  K  M  N
A  E  L  A  J  O  S  U  U  M  S  S  I  O
H  I  A  K  E  D  T  K  T  M  H  F  E  O
T  L  K  K  V  V  O  G  Ö  T  L  M  H  T
I  O  K  F  E  A  E  H  Q  Y  A  A  I  T
L  R  A  A  N  K  K  U  R  I  S  U  S  I
L  I  Y  M  E  R  I  M  I  E  S  I  T  J
V  A  L  T  A  M  E  R  I  I  Z  H  Ö  Ä
W  I  L  S  T  H  M  B  V  R  B  F  D  R
V  U  O  R  O  V  E  S  I  S  R  N  M  V
J  K  V  Q  U  Z  M  O  O  T  T  O  R  I
R  J  T  Y  W  Q  T  O  T  D  M  U  E  B
```

ANKKURI	MERIMIES
POIJU	MASTO
KANOOTTI	MERI
KÖYSI	MOOTTORI
TELAKKA	VALTAMERI
MIEHISTÖ	LAUTTA
JOKI	AALTO
KAJAKK	PURJEVENE
JÄRVI	JAHTI
VUOROVESI	

100 - Mesures

```
A  I  Y  K  Q  D  B  R  Z  C  E  K  S  R
E  K  M  E  I  E  K  I  O  O  G  P  Y  H
U  T  U  U  S  O  T  Y  G  O  U  V  Z
O  T  K  N  J  I  R  I  O  H  Z  J  Y  K
M  A  S  S  A  M  K  L  K  N  I  W  Y  I
K  I  Z  S  Z  A  E  A  P  G  N  P  S  L
J  I  N  I  T  A  U  V  G  P  A  I  N  O
T  B  L  U  U  L  S  U  L  I  Z  T  M  G
F  V  I  O  U  I  V  U  E  Z  R  U  I  R
I  G  T  K  M  T  N  S  V  D  S  U  T  A
N  B  R  R  A  E  T  K  E  E  T  S  T  M
G  R  A  M  M  A  T  I  Y  P  D  N  A  M
T  A  V  U  C  Y  Q  R  S  E  E  D  R  A
G  H  A  S  T  E  D  P  I  Y  L  W  I  D
```

ASTE	MITTARI
DESIMAALI	MINUUTTI
GRAMMA	TAVU
KORKEUS	UNSSI
KILOGRAMMA	PAINO
KILOMETRI	TUUMA
LEVEYS	SYVYYS
LITRA	TONNI
PITUUS	TILAVUUS
MASSA	

1 - Été

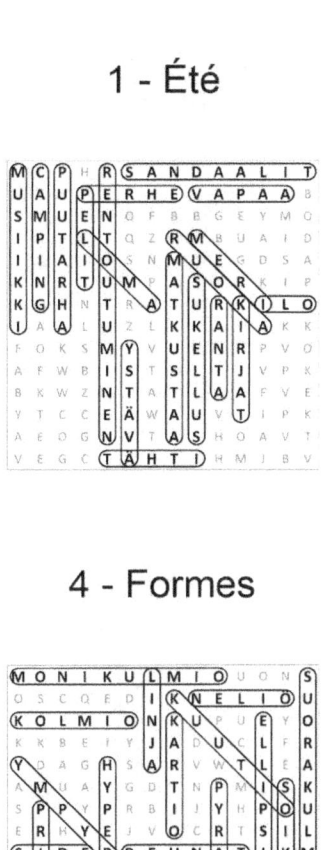

2 - Adjectifs #2

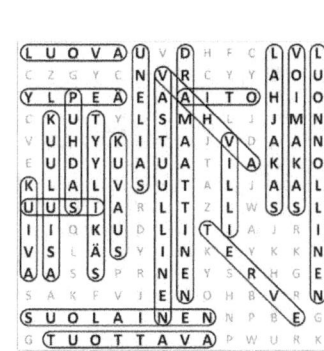

3 - Exploration

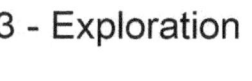
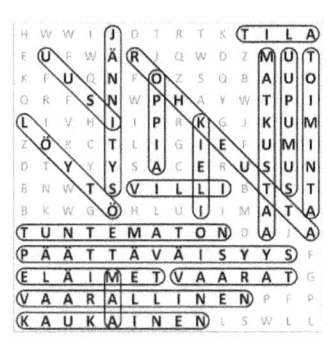

4 - Formes

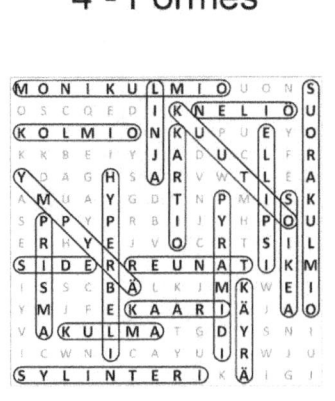

5 - Salle de Bains

6 - Adjectifs #1

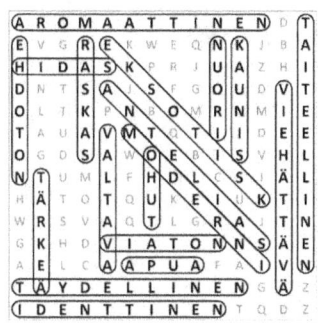

7 - Instruments de Musique

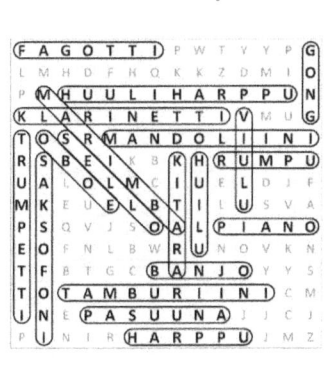

8 - Échecs

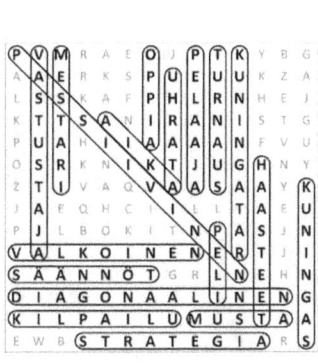

9 - Herboristerie

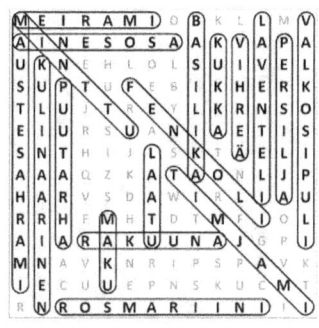

10 - Véhicules

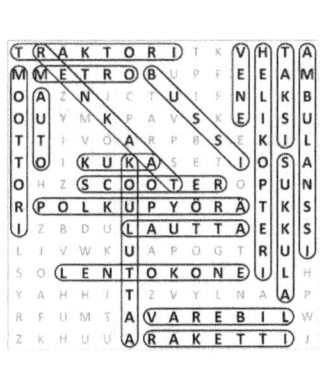

11 - Camping

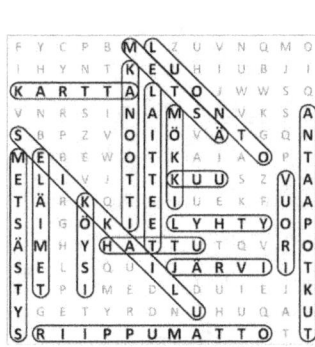

12 - Conservation

13 - Écologie

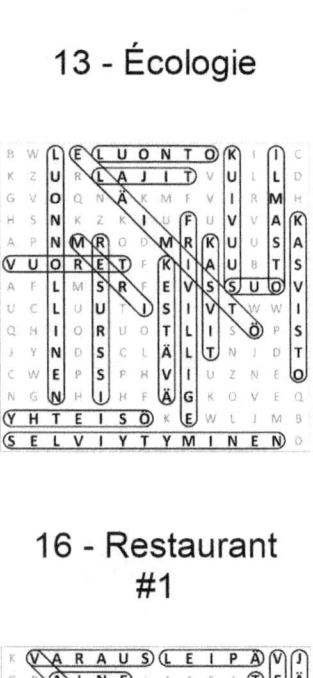

14 - Astronomie

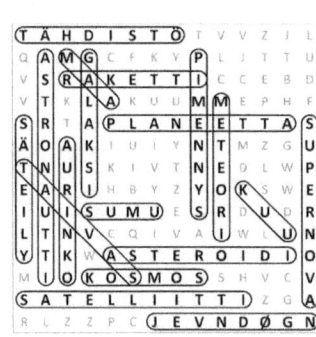

15 - Types de Cheveux

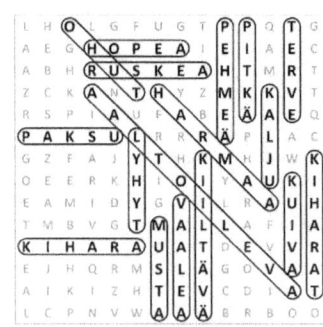

16 - Restaurant #1

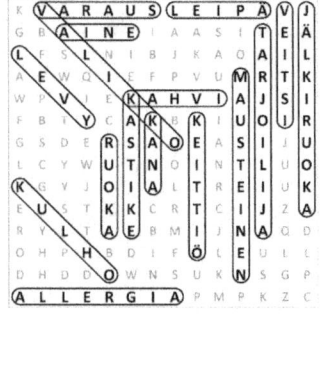

17 - Mammifères

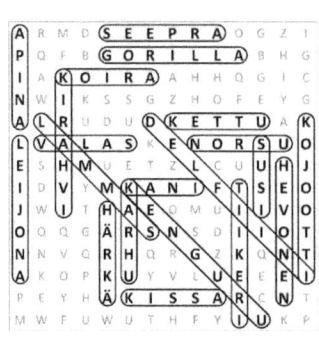

18 - Sports

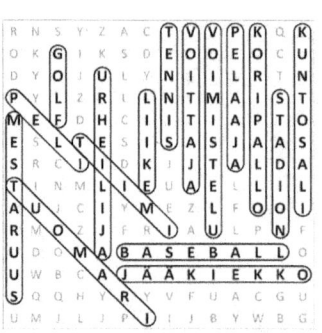

19 - Chocolat

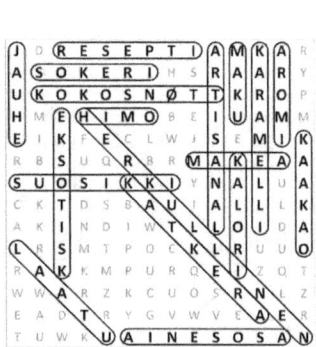

20 - Mathématiques

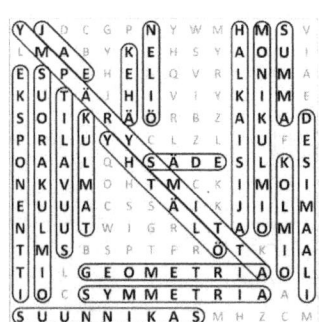

21 - Mythologie

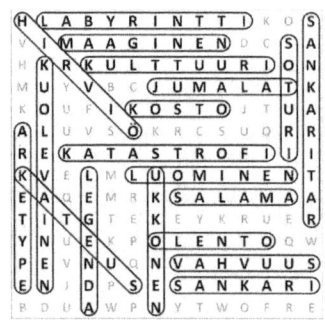

22 - Restaurant #2

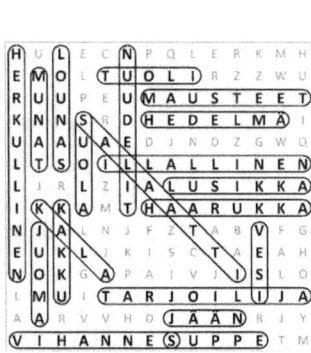

23 - Couleurs

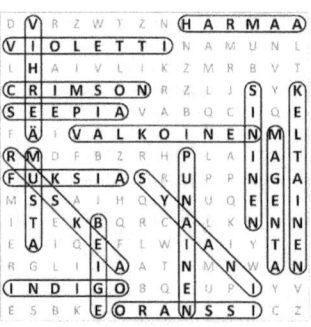

24 - Avions

25 - Aventure

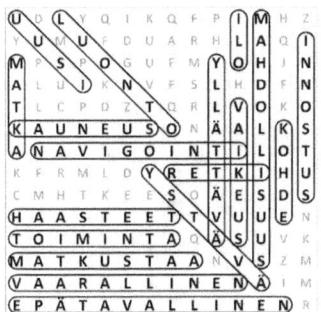

26 - Ville

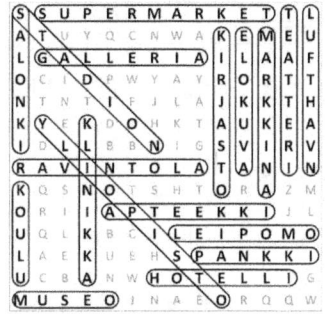

27 - Cuisine

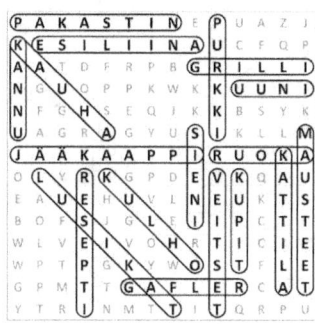

28 - Corps Humain

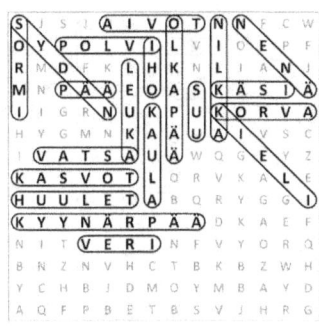

29 - Épices

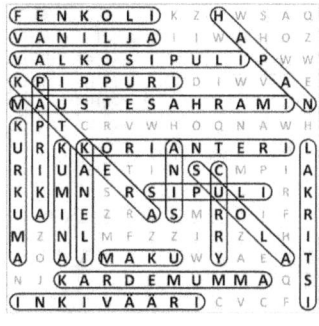

30 - Science

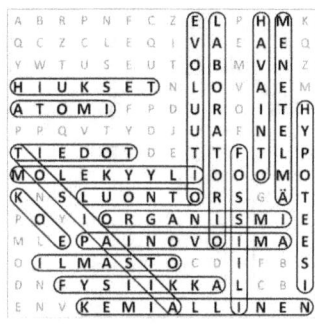

31 - Chats

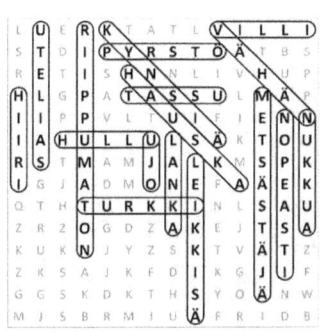

32 - Vêtements

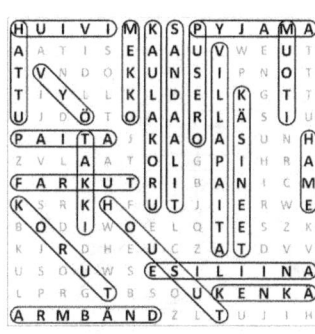

33 - Arts Visuels

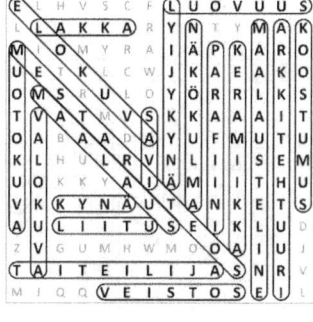

34 - Méditation

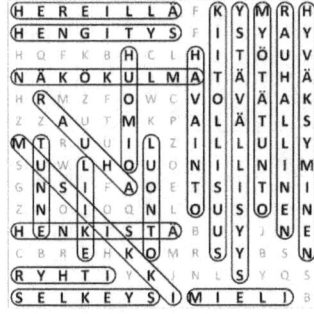

35 - Littérature

36 - Nourriture #1

37 - Jours et Mois

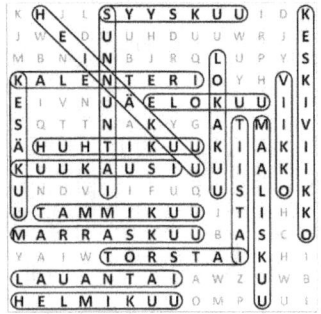

38 - Championnat

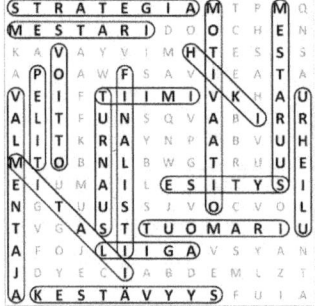

39 - Pirates

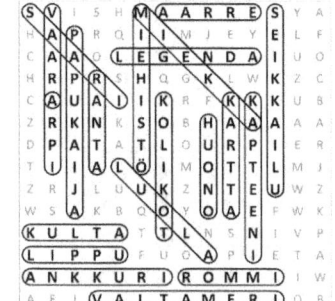

40 - Activités

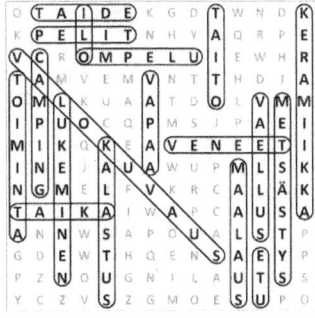

41 - Fleurs

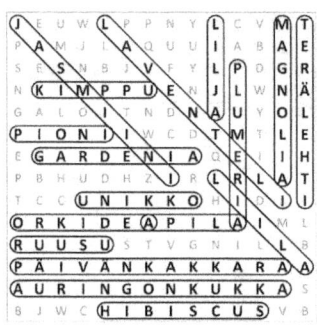

42 - Nourriture #2

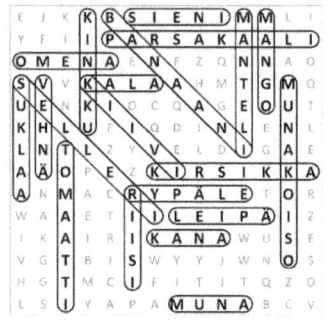

43 - Océan

44 - Remplir

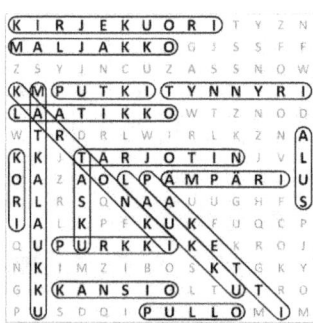

45 - Ballet

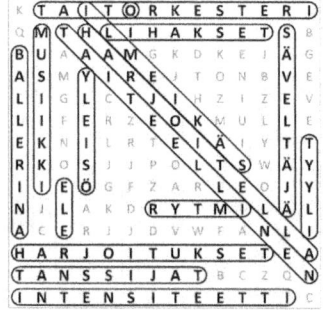

46 - Fruit

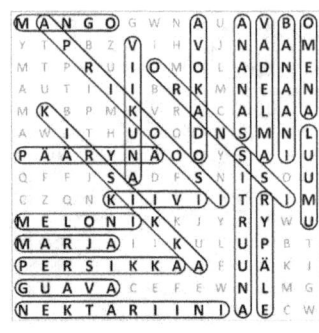

47 - Surf

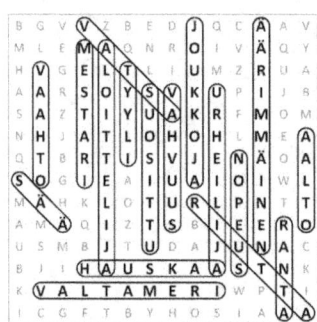

48 - Technologie

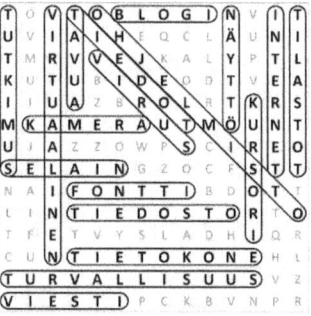

49 - Météo

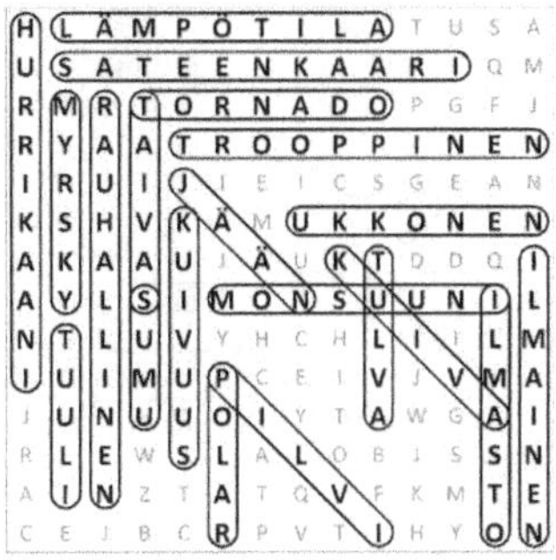

LÄMPÖTILA
SATEENKAARI
TORNADO
TROOPPINEN
UKKONEN
MONSUUNI

50 - Châteaux

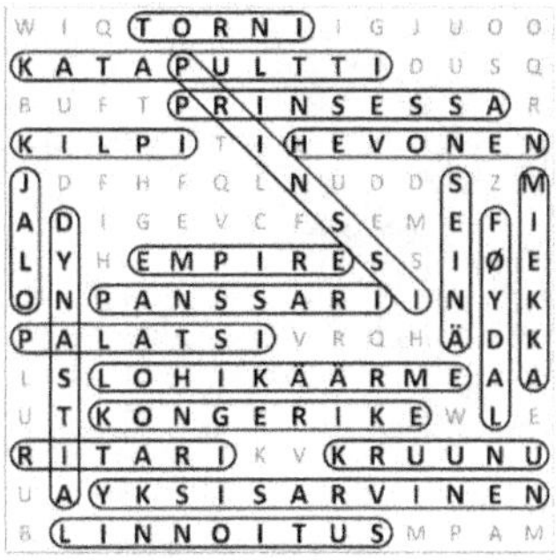

TORNI
KATAPULTTI
PRINSESSA
KILPI HEVONEN
EMPIRE
PANSSARI
PALATSI
LOHIKÄÄRME
KONGERIKE
RITARI KRUUNU
YKSISARVINEN
LINNOITUS

51 - Randonnée

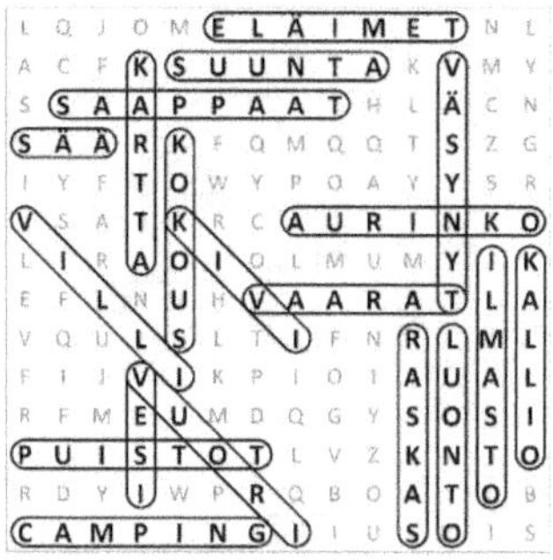

ELÄIMET
SUUNTA
SAAPPAAT
SÄÄR
AURINKO
VAARAT
PUISTOT
CAMPING

52 - Meubles

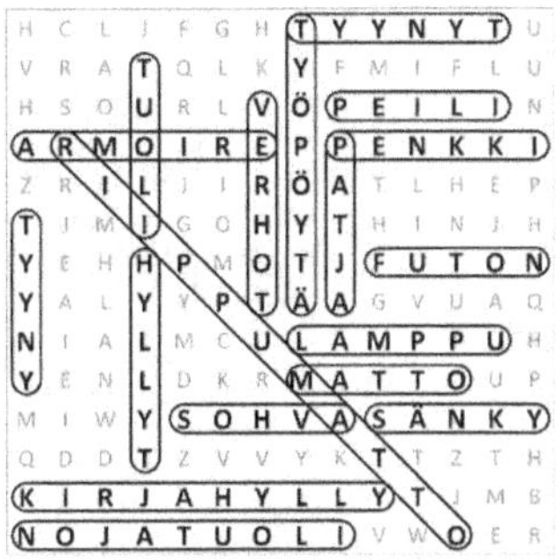

TYYNYT
PEILI
ARMOIRE PENKKI
FUTON
LAMPPU
MATTO
SOHVASÄNKY
KIRJAHYLLYT
NOJATUOLI

53 - Art

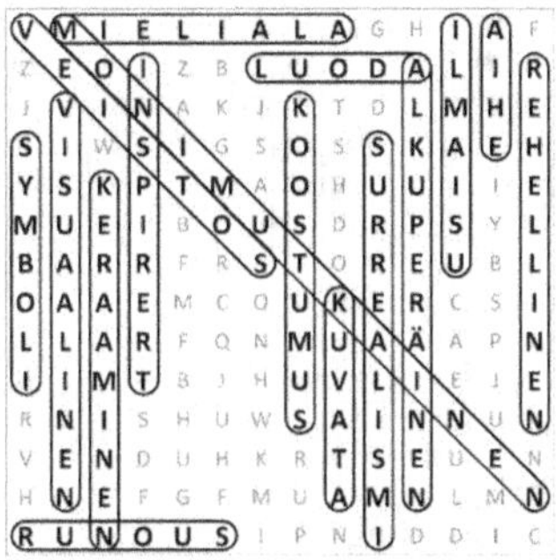

MIELIALA
LUODA
RUNOUS

54 - Nutrition

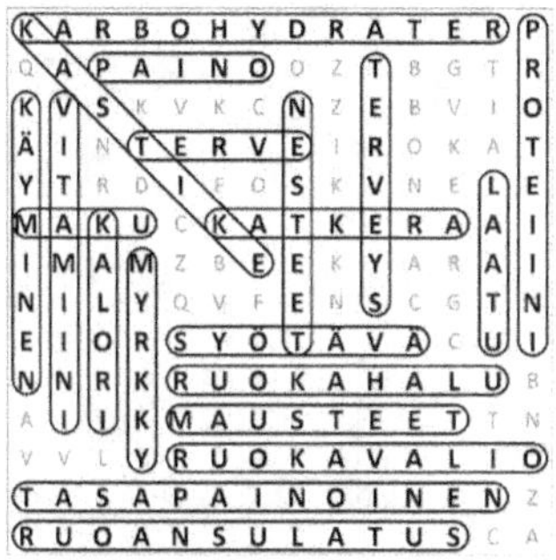

KARBOHYDRATER
PAINO
TERVE
MAKU KATKERA
SYÖTÄVA
RUOKAHALU
MAUSTEET
RUOKAVALIO
TASAPAINOINEN
RUOANSULATUS

55 - Science Fiction

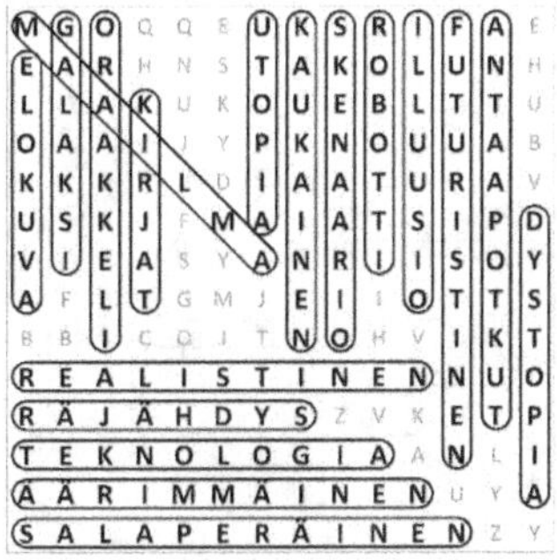

REALISTINEN
RÄJÄHDYS
TEKNOLOGIA
ÄÄRIMMÄINEN
SALAPERÄINEN

56 - Vertus #1

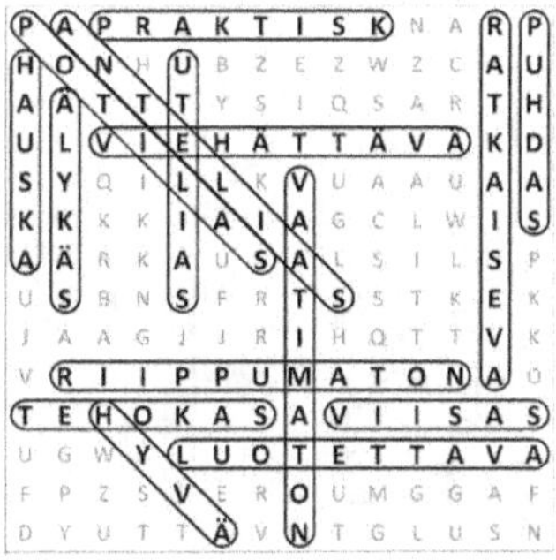

PRAKTISK
VIEHÄTTÄVA
RIIPPUMATON
TEHOKAS VIISAS
LUOTETTAVA

57 - Professions #1

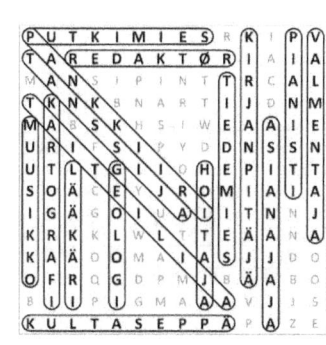

PUTKIMIES
REDAKTØR
KULTASEPPÄ

58 - Géologie

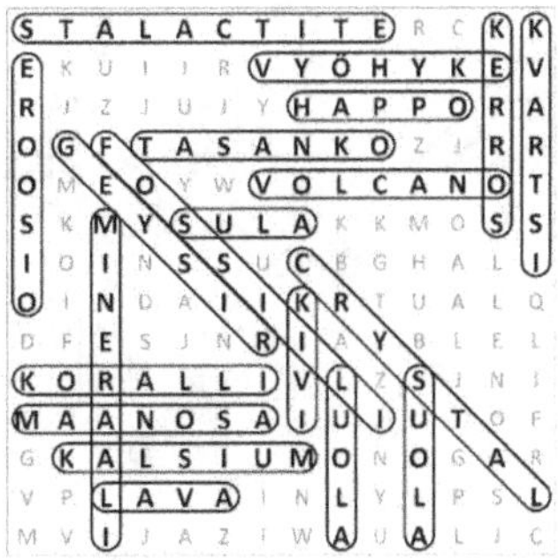

STALACTITE
VYÖHYKE
HAPPO
TASANKO
VOLCANO
SULA
KORALLI
MAANOSA
KALSIUM
LAVA

59 - Cirque

TAIKAA
MUSIIKKI
JONGLÖÖRI
BALLONGERA
TAIKURI
LIPPUTEMPPU
ELÄIMET
VIIHDYTTÄÄ
KATSOJA

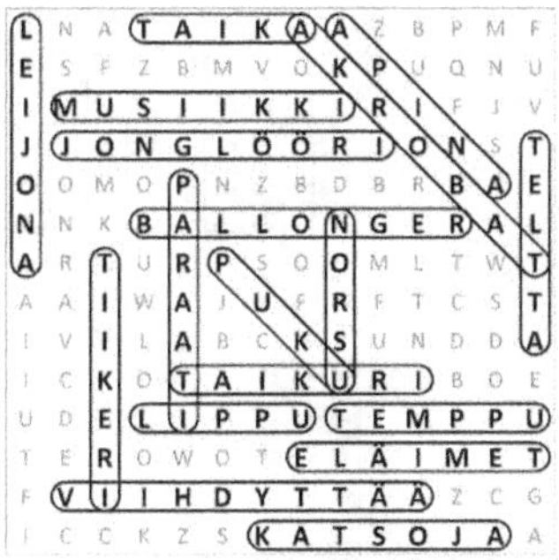

60 - Jardin

PLETKU
GRESS
LAMPI
KUISTI
RUOHO
KUKKA
RIIPPUMATON
PUSKA
NURMIKKO

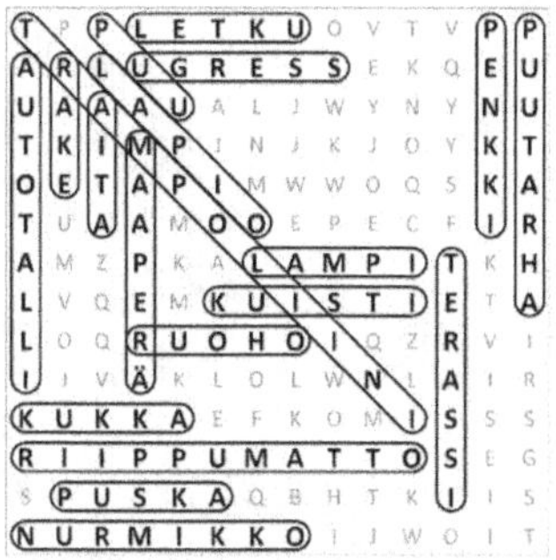

61 - Barbecues

62 - Anniversaire

63 - Animaux de Compagnie

64 - Forêt Tropicale

65 - Insectes

66 - Ferme #1

67 - Escalade

68 - École #2

69 - Antarctique

70 - Professions #2

71 - Les Abeilles

72 - Dinosaures

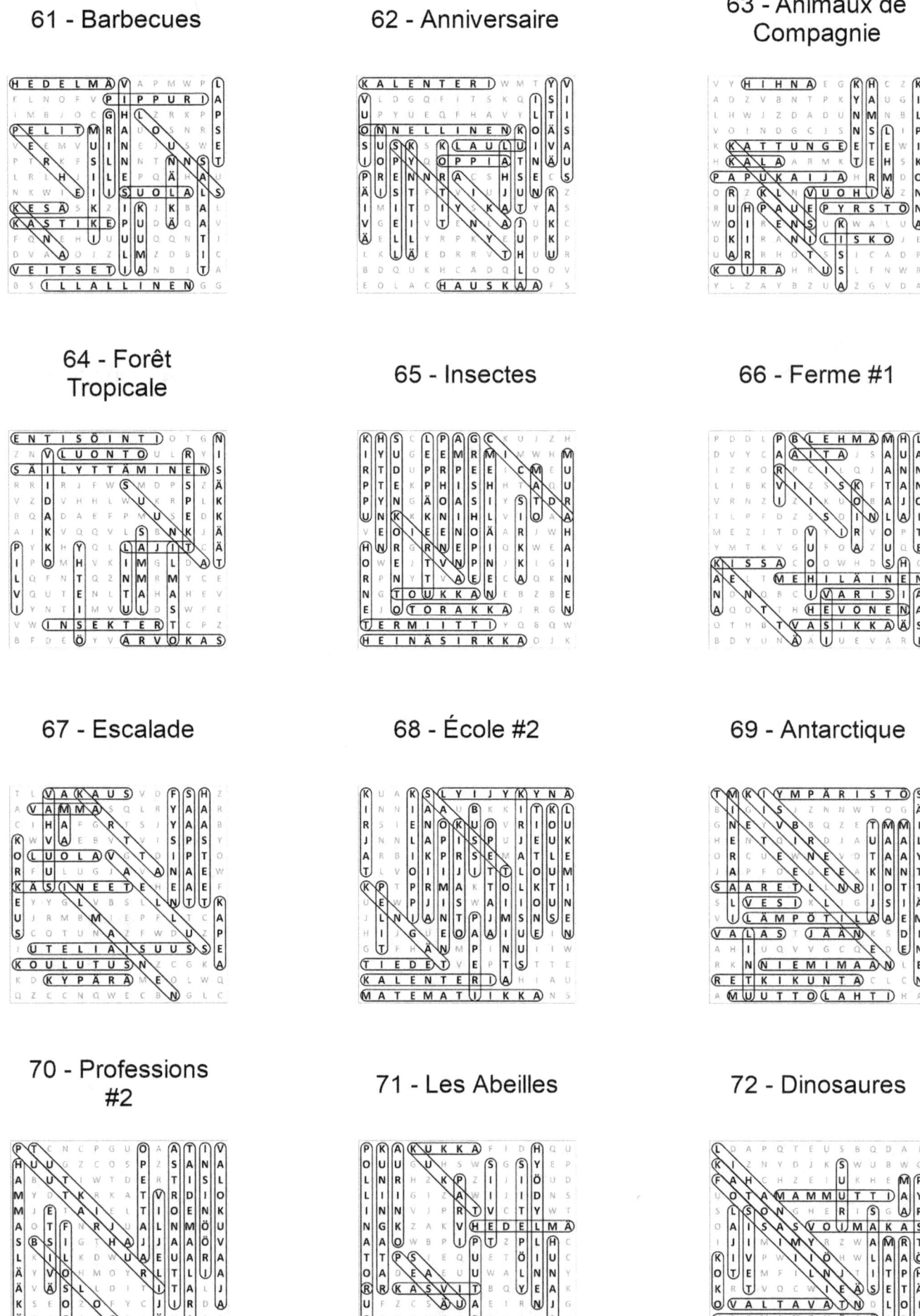

73 - Conduite

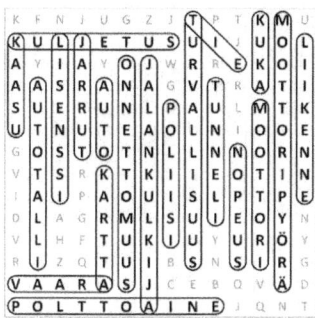

74 - Plantes

75 - Ferme #2

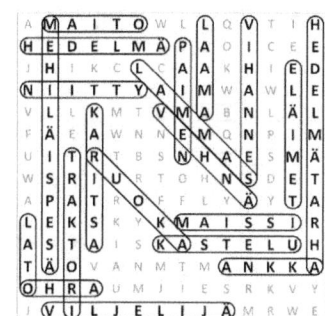

76 - École #1

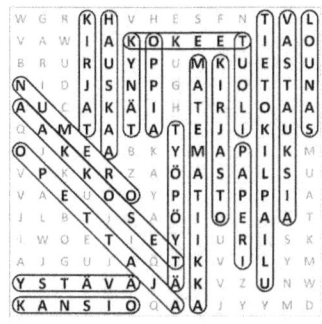

77 - Vacances #2

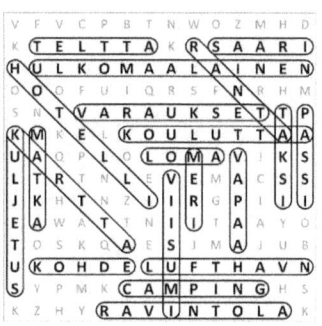

78 - Temps

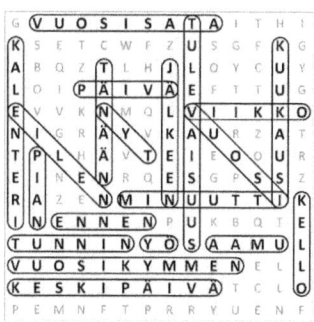

79 - Maison

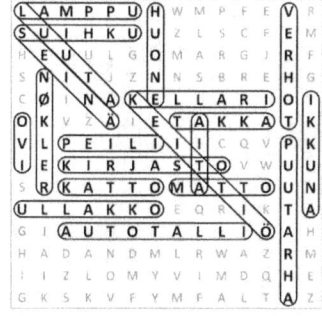

80 - Légumes

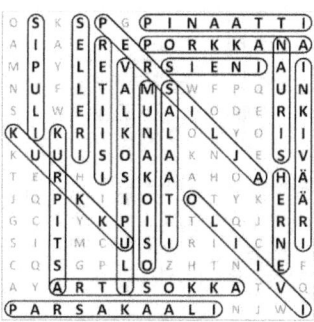

81 - Plage

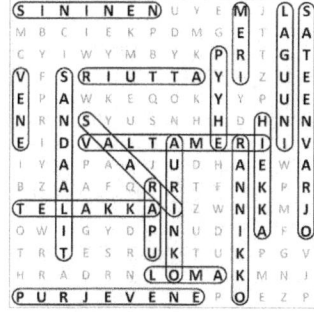

82 - Famille

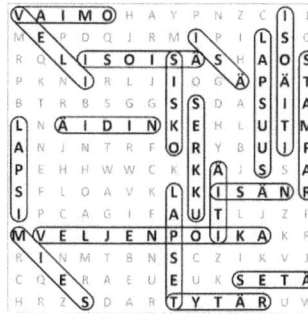

83 - Oiseaux

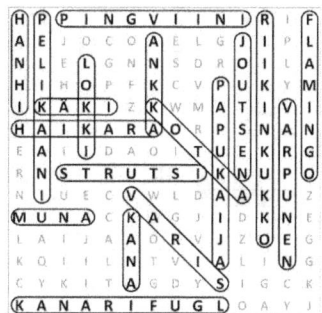

84 - Disciplines Scientifiques

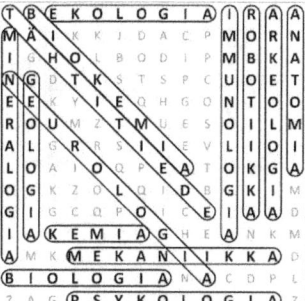

85 - Émotions

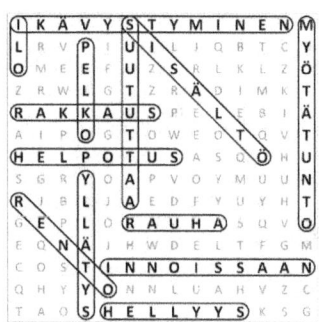

86 - Géographie

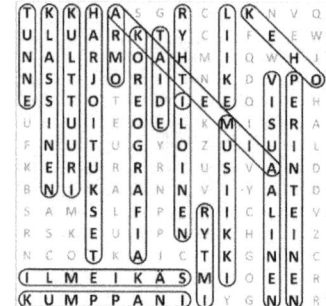

87 - Danse

88 - Bâtiments

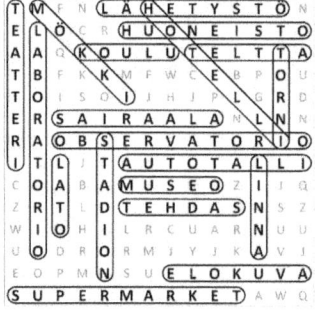

89 - Pêche

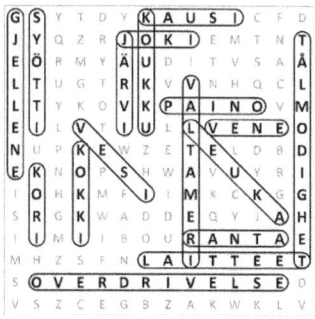

90 - Activités et Loisirs

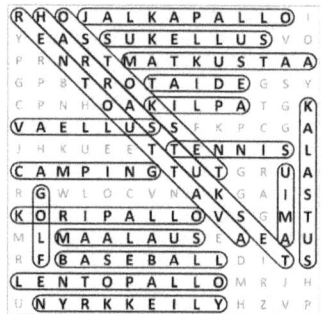

91 - Livres

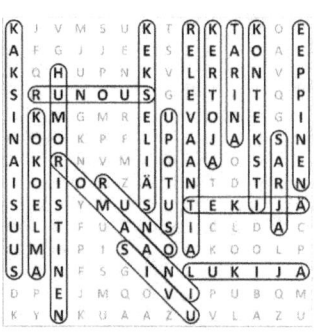

92 - Pays #2

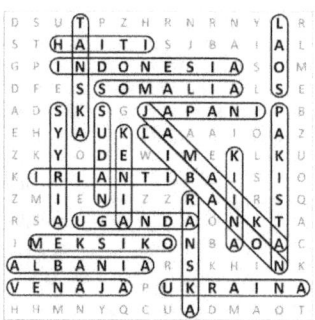

93 - Fournitures d'Art

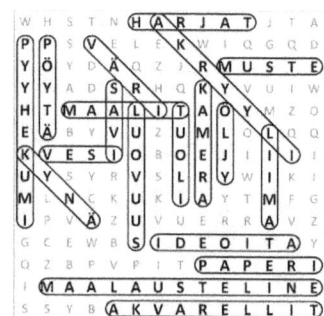

94 - Jouets

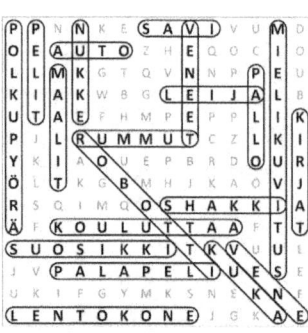

95 - Eau

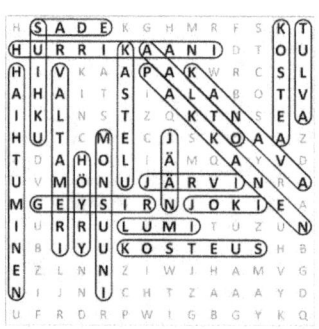

96 - Paysages

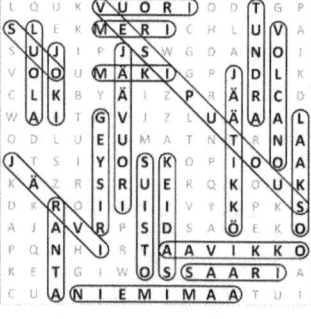

97 - Nombres

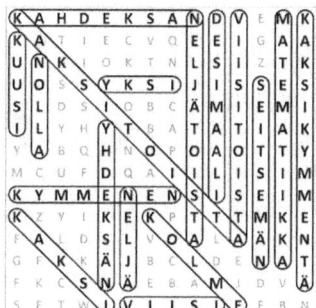

98 - Nature

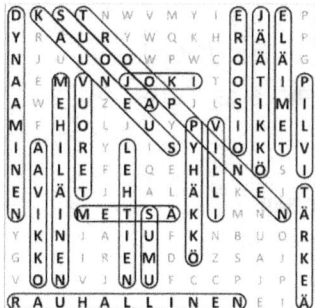

99 - Bateaux

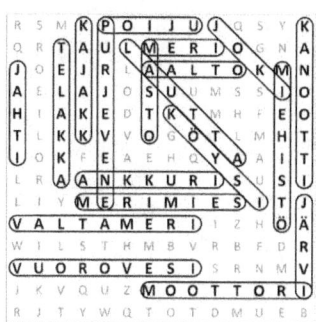

100 - Mesures

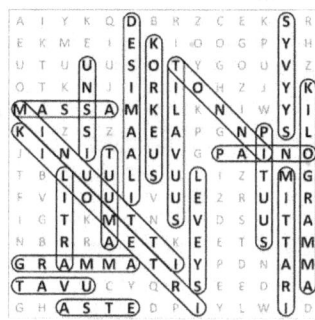

Dictionnaire

Activités
Toiminta

Activité	Toiminta
Art	Taide
Artisanat	Veneet
Camping	Camping
Céramique	Keramiikka
Chasse	Metsästys
Compétence	Taito
Couture	Ompelu
Intérêts	Etu
Jeux	Pelit
Lecture	Lukeminen
Loisir	Vapaa
Magie	Taika
Peinture	Maalaus
Pêche	Kalastus
Photographie	Valokuvaus
Plaisir	Ilo
Randonnée	Vaellus
Relaxation	Rentoutuminen

Activités et Loisirs
Toiminta ja Vapaa-Aika

Achats	Ostokset
Art	Taide
Base-Ball	Baseball
Basket-Ball	Koripallo
Boxe	Nyrkkeily
Camping	Camping
Course	Kilpa
Football	Jalkapallo
Golf	Golf
Nager	Uima
Passe-Temps	Harrastukset
Peinture	Maalaus
Pêche	Kalastus
Plongée	Sukellus
Randonnée	Vaellus
Relaxant	Rentouttava
Surf	Lainelautailu
Tennis	Tennis
Volley-Ball	Lentopallo
Voyage	Matkustaa

Adjectifs #1
Adjektiivit #1

Absolu	Ehdoton
Actif	Aktiivinen
Aromatique	Aromaattinen
Artistique	Taiteellinen
Attractif	Viehättävä
Beau	Kaunis
Exotique	Eksotisk
Énorme	Valtava
Généreux	Antelias
Honnête	Rehellinen
Identique	Identtinen
Important	Tärkeä
Innocent	Viaton
Jeune	Nuori
Lent	Hidas
Lourd	Raskas
Mince	Ohut
Moderne	Moderni
Parfait	Täydellinen
Utile	Apua

Adjectifs #2
Adjektiivit #2

Authentique	Aito
Célèbre	Kuuluisa
Créatif	Luova
Descriptif	Kuvaus
Doué	Lahjakas
Dramatique	Dramaattinen
Élégant	Tyylikäs
Fier	Ylpeä
Fort	Vahva
Naturel	Luonnollinen
Nouveau	Uusi
Productif	Tuottava
Puissant	Voimakas
Pur	Puhdas
Responsable	Vastuullinen
Sain	Terve
Salé	Suolainen
Sauvage	Villi
Sec	Kuiva
Somnolent	Unelias

Animaux de Compagnie
Lemmikki

Chat	Kissa
Chaton	Kattunge
Chèvre	Vuohi
Chien	Koira
Chiot	Pentu
Collier	Kaulus
Eau	Vesi
Griffes	Kynnet
Hamster	Hamsteri
Laisse	Hihna
Lapin	Kani
Lézard	Lisko
Nourriture	Ruoka
Perroquet	Papukaija
Poisson	Kala
Queue	Pyrstö
Souris	Hiiri
Tortue	Kilpikonna
Vache	Lehmä
Vétérinaire	Eläinlääkäri

Anniversaire
Syntymäpäivä

Amis	Ystävä
Amusement	Hauskaa
Année	Vuosi
Apprendre	Oppia
Bougies	Kynttilä
Cadeau	Lahja
Calendrier	Kalenteri
Cartes	Kortit
Chanson	Laulu
Fête	Juhla
Gâteau	Kakku
Heureux	Onnellinen
Invitations	Kutsut
Jeune	Nuori
Jour	Päivä
Joyeux	Iloinen
Né	Syntynyt
Sagesse	Viisaus
Spécial	Spesiell
Temps	Aika

Antarctique
Antarktis

Baie	Lahti
Baleines	Valas
Chercheur	Tutkija
Conservation	Säilyttäminen
Continent	Maanosa
Eau	Vesi
Environnement	Ympäristö
Expédition	Retkikunta
Géographie	Maantiede
Glace	Jään
Glaciers	Isbreer
Îles	Saaret
Migration	Muutto
Minéraux	Mineraali
Oiseaux	Lintu
Péninsule	Niemimaa
Rocheux	Kivinen
Scientifique	Tieteellinen
Température	Lämpötila
Topographie	Topografia

Art
Taide

Céramique	Keraaminen
Complexe	Monimutkainen
Composition	Koostumus
Créer	Luoda
Dépeindre	Kuvata
Expression	Ilmaisu
Honnête	Rehellinen
Humeur	Mieliala
Inspiré	Inspirert
Original	Alkuperäinen
Poésie	Runous
Sculpture	Veistos
Sujet	Aihe
Surréalisme	Surrealismi
Symbole	Symboli
Visuel	Visuaalinen

Arts Visuels
Kuvataide

Architecture	Arkkitehtuuri
Argile	Savi
Artiste	Taiteilija
Céramique	Keramiikka
Chef-D'Œuvre	Mestariteos
Chevalet	Maalausteline
Cire	Parafiini
Composition	Koostumus
Craie	Liitu
Crayon	Lyijykynä
Créativité	Luovuus
Film	Elokuva
Peinture	Maalaus
Perspective	Näkökulma
Photographie	Valokuva
Portrait	Muotokuva
Sculpture	Veistos
Stylo	Kynä
Vernis	Lakka

Astronomie
Tähtitiede

Astéroïde	Asteroidi
Astronaute	Astronautti
Ciel	Taivas
Constellation	Tähdistö
Cosmos	Kosmos
Éclipse	Pimennys
Équinoxe	Jevndøgn
Fusée	Raketti
Galaxie	Galaksi
Lune	Kuu
Météore	Meteori
Nébuleuse	Sumu
Observatoire	Observatorio
Planète	Planeetta
Radiation	Säteily
Satellite	Satelliitti
Solaire	Aurinko
Supernova	Supernova
Terre	Maa
Télescope	Kaukoputki

Aventure
Seikkailu

Activité	Toiminta
Amis	Ystävä
Beauté	Kauneus
Chance	Mahdollisuus
Dangereux	Vaarallinen
Destination	Kohde
Défis	Haasteet
Difficulté	Vaikeus
Enthousiasme	Innostus
Excursion	Retki
Inhabituel	Epätavallinen
Itinéraire	Matka
Joie	Ilo
Nature	Luonto
Navigation	Navigointi
Nouveau	Uusi
Sécurité	Turvallisuus
Surprenant	Yllättävä
Voyages	Matkustaa

Avions
Lentokone

Air	Ilma
Atmosphère	Ilmainen
Atterrissage	Lasku
Aventure	Seikkailu
Ballon	Ilmapallo
Carburant	Polttoaine
Ciel	Taivas
Construction	Rakentaminen
Descente	Laskeutuminen
Direction	Suunta
Équipage	Miehistö
Hauteur	Korkeus
Hélices	Potkuri
Histoire	Historia
Hydrogène	Vety
Moteur	Moottori
Naviguer	Navigoida
Passager	Matkustaja
Pilote	Pilotti
Turbulence	Turbulenssi

Ballet
Baletti

Artistique	Taiteellinen
Ballerine	Ballerina
Chorégraphie	Koreografia
Compétence	Taito
Compositeur	Säveltäjä
Danseurs	Tanssijat
Expressif	Ilmeikäs
Geste	Ele
Intensité	Intensiteetti
Muscles	Lihakset
Musique	Musiikki
Orchestre	Orkesteri
Pratique	Harjoitella
Public	Yleisö
Répétition	Harjoitukset
Rythme	Rytmi
Style	Tyyli
Technique	Tekniikka

Barbecues
Grilli

Chaud	Kuuma
Couteaux	Veitset
Déjeuner	Lounas
Dîner	Illallinen
Enfants	Lapset
Été	Kesä
Faim	Nälkä
Famille	Perhe
Fruit	Hedelmä
Gril	Grilli
Jeux	Pelit
Légumes	Vihannes
Musique	Musiikki
Oignons	Sipuli
Poivre	Pippuri
Poulet	Kana
Salades	Salaatit
Sauce	Kastike
Sel	Suola
Tomates	Tomaatit

Bateaux
Veneitä

Ancre	Ankkuri
Bouée	Poiju
Canoë	Kanootti
Corde	Köysi
Dock	Telakka
Équipage	Miehistö
Fleuve	Joki
Kayak	Kajakk
Lac	Järvi
Marée	Vuorovesi
Marin	Merimies
Mât	Masto
Mer	Meri
Moteur	Moottori
Océan	Valtameri
Radeau	Lautta
Vagues	Aalto
Voilier	Purjevene
Yacht	Jahti

Bâtiments
Rakennukset

Ambassade	Lähetystö
Appartement	Huoneisto
Cabine	Mökki
Château	Linna
Cinéma	Elokuva
École	Koulu
Garage	Autotalli
Grange	Lato
Hôpital	Sairaala
Hôtel	Hotelli
Laboratoire	Laboratorio
Musée	Museo
Observatoire	Observatorio
Stade	Stadion
Supermarché	Supermarket
Tente	Teltta
Théâtre	Teatteri
Tour	Torni
Université	Yliopisto
Usine	Tehdas

Camping
Telttailu

Animaux	Eläimet
Aventure	Seikkailu
Boussole	Kompassi
Cabine	Mökki
Canoë	Kanootti
Carte	Kartta
Chapeau	Hattu
Chasse	Metsästys
Corde	Köysi
Équipement	Laitteet
Feu	Antaa Potkut
Forêt	Metsä
Hamac	Riippumatto
Insecte	Hyönteinen
Lac	Järvi
Lanterne	Lyhty
Lune	Kuu
Montagne	Vuori
Nature	Luonto
Tente	Teltta

Championnat
Mestaruus

Champion	Mestari
Championnat	Mestaruus
Endurance	Kestävyys
Entraîneur	Valmentaja
Équipe	Tiimi
Finaliste	Finalisti
Jeux	Pelit
Juge	Tuomari
Ligue	Liiga
Médaille	Mitali
Motivation	Motivaatio
Performance	Esitys
Sports	Urheilu
Stratégie	Strategia
Tournoi	Turnaus
Transpiration	Hiki
Victoire	Voitto

Chats
Kissat

Chasseur	Metsästäjä
Curieux	Utelias
Dormir	Nukkua
Drôle	Hauska
Espiègle	Leikkisä
Fil	Lanka
Fou	Hullu
Fourrure	Turkki
Griffe	Kynsiä
Indépendant	Riippumaton
Patte	Tassu
Peu	Vähän
Queue	Pyrstö
Rapide	Nopeasti
Sauvage	Villi
Souris	Hiiri
Timide	Ujo

Châteaux
Linnat

Armure	Panssari
Bouclier	Kilpi
Catapulte	Katapultti
Cheval	Hevonen
Chevalier	Ritari
Couronne	Kruunu
Dragon	Lohikäärme
Dynastie	Dynastia
Empire	Empire
Épée	Miekka
Féodal	Føydal
Forteresse	Linnoitus
Licorne	Yksisarvinen
Mur	Seinä
Noble	Jalo
Palais	Palatsi
Prince	Prinssi
Princesse	Prinsessa
Royaume	Kongerike
Tour	Torni

Chocolat
Suklaa

Amer	Katkera
Arôme	Aromi
Artisanal	Artisanal
Cacahuètes	Maapähkinät
Cacao	Kaakao
Calories	Kalori
Caramel	Karamelli
Délicieux	Herkullinen
Doux	Makea
Envie	Himo
Exotique	Eksotisk
Favori	Suosikki
Goût	Maku
Ingrédient	Ainesosa
Noix de Coco	Kokosnøtt
Poudre	Jauhe
Qualité	Laatu
Recette	Resepti
Sucre	Sokeri

Cirque
Sirkus

Acrobate	Akrobat
Animaux	Eläimet
Astuce	Temppu
Ballons	Ballonger
Billet	Lippu
Costume	Puku
Divertir	Viihdyttää
Éléphant	Norsu
Jongleur	Jonglööri
Lion	Leijona
Magicien	Taikuri
Magie	Taika
Musique	Musiikki
Parade	Paraati
Singe	Apina
Spectateur	Katsoja
Tente	Teltta
Tigre	Tiikeri

Conduite
Ajo

Accident	Onnettomuus
Camion	Kuka
Carburant	Polttoaine
Carte	Kartta
Danger	Vaara
Freins	Jarrut
Garage	Autotalli
Gaz	Kaasu
Licence	Lisenssi
Moteur	Moottori
Moto	Moottoripyörä
Piéton	Jalankulkija
Police	Poliisi
Route	Tie
Sécurité	Turvallisuus
Trafic	Liikenne
Transport	Kuljetus
Tunnel	Tunneli
Vitesse	Nopeus
Voiture	Auto

Conservation
Säilyttäminen

Bénévole	Vapaaehtoinen
Climat	Ilmasto
Cycle	Sykli
Durable	Kestävä
Eau	Vesi
Environnemental	Ympäristö
Écosystème	Ekosysteemi
Éducation	Koulutus
Naturel	Luonnollinen
Organique	Orgaaninen
Pesticide	Torjunta-Aine
Pollution	Forurensning
Recycler	Kierrättää
Réduire	Vähentää
Santé	Terveys
Vert	Vihreä

Corps Humain
Ihmiskehon

Bouche	Suu
Cerveau	Aivot
Cheville	Nilkka
Cou	Kaula
Coude	Kyynärpää
Cœur	Sydän
Doigt	Sormi
Estomac	Vatsa
Épaule	Olkapää
Genou	Polvi
Langue	Kieli
Lèvres	Huulet
Main	Käsi
Menton	Leuka
Nez	Nenä
Oreille	Korva
Peau	Iho
Sang	Veri
Tête	Pää
Visage	Kasvot

Couleurs
Värit

Beige	Beige
Blanc	Valkoinen
Bleu	Sininen
Cramoisi	Crimson
Cyan	Syaani
Fuchsia	Fuksia
Gris	Harmaa
Indigo	Indigo
Jaune	Keltainen
Magenta	Magenta
Marron	Ruskea
Noir	Musta
Orange	Oranssi
Rouge	Punainen
Sépia	Seepia
Vert	Vihreä
Violet	Violetti

Cuisine
Keittiö

Baguettes	Syömäpuikot
Bol	Kulho
Bouilloire	Kattila
Congélateur	Pakastin
Couteaux	Veitset
Cruche	Kannu
Cuillères	Lusikat
Épices	Mausteet
Éponge	Sieni
Four	Uuni
Fourchettes	Gafler
Gril	Grilli
Louche	Kauha
Nourriture	Ruoka
Pot	Purkki
Recette	Resepti
Réfrigérateur	Jääkaappi
Serviette	Lautasliina
Tablier	Esiliina
Tasses	Kupit

Danse
Tanssi

Académie	Akatemia
Art	Taide
Chorégraphie	Koreografia
Classique	Klassinen
Corps	Keho
Culture	Kulttuuri
Expressif	Ilmeikäs
Émotion	Tunne
Grâce	Armo
Joyeux	Iloinen
Mouvement	Liike
Musique	Musiikki
Partenaire	Kumppani
Posture	Ryhti
Répétition	Harjoitukset
Rythme	Rytmi
Traditionnel	Perinteinen
Visuel	Visuaalinen

Dinosaures
Dinosaurus

Ailes	Siivet
Carnivore	Lihansyöjä
Disparition	Katoaminen
Espèce	Lajit
Énorme	Valtava
Évolution	Evoluutio
Fossiles	Fossiilit
Grand	Suuri
Herbivore	Kasvinsyöjä
Mammouth	Mammutti
Proie	Saalis
Puissant	Voimakas
Queue	Pyrstö
Rapace	Raptor
Reptile	Matelija
Taille	Koko
Terre	Maa
Vicieux	Häijy

Disciplines Scientifiques
Tieteelliset Alat

Anatomie	Anatomia
Archéologie	Arkeologia
Astronomie	Tähtitiede
Biochimie	Biokemia
Biologie	Biologia
Botanique	Kasvitiede
Chimie	Kemia
Écologie	Ekologia
Géologie	Geologia
Immunologie	Immunologia
Linguistique	Kielitiede
Mécanique	Mekaniikka
Météorologie	Meteorologia
Minéralogie	Mineralogia
Neurologie	Neurologia
Physiologie	Fysiologia
Psychologie	Psykologia
Robotique	Robotiikka
Sociologie	Sosiologia
Zoologie	Eläintiede

Eau
Vesi

Canal	Kanava
Douche	Suihku
Évaporation	Haihtuminen
Fleuve	Joki
Gel	Pakkanen
Geyser	Geysir
Glace	Jään
Humide	Kostea
Humidité	Kosteus
Inondation	Tulva
Irrigation	Kastelu
Lac	Järvi
Mousson	Monsuuni
Neige	Lumi
Océan	Valtameri
Ouragan	Hurrikaani
Pluie	Sade
Vagues	Aalto
Vapeur	Höyry

Escalade
Kiipeily

Altitude	Korkeus
Atmosphère	Ilmainen
Blessure	Vamma
Bottes	Saappaat
Carte	Kartta
Casque	Kypärä
Curiosité	Uteliaisuus
Défis	Haasteet
Expert	Asiantuntija
Étroit	Kapea
Force	Vahvuus
Formation	Koulutus
Gants	Käsineet
Grotte	Luola
Physique	Fyysinen
Randonnée	Vaellus
Stabilité	Vakaus
Terrain	Maa

Exploration
Tutkimus

Activité	Toiminta
Animaux	Eläimet
Apprendre	Oppia
Courage	Rohkeutta
Dangers	Vaarat
Découverte	Löytö
Détermination	Päättäväisyys
Espace	Tila
Excitation	Jännitys
Épuisement	Uupumus
Inconnu	Tuntematon
Langue	Kieli
Lointain	Kaukainen
Nouveau	Uusi
Périlleux	Vaarallinen
Sauvage	Villi
Terrain	Maa
Voyage	Matkustaa

Échecs
Shakki

Adversaire	Vastustaja
Apprendre	Oppia
Blanc	Valkoinen
Champion	Mestari
Concours	Kilpailu
Défis	Haasteet
Diagonal	Diagonaalinen
Jeu	Peli
Joueur	Pelaaja
Noir	Musta
Passif	Passiivinen
Reine	Kuningatar
Règles	Säännöt
Roi	Kuningas
Sacrifice	Uhrata
Stratégie	Strategia
Temps	Aika
Tournoi	Turnaus

École #1
Koulu nro 1

Alphabet	Aakkoset
Amis	Ystävä
Amusement	Hauskaa
Apprendre	Oppia
Bibliothèque	Kirjasto
Bureau	Työpöytä
Chaise	Tuoli
Crayon	Lyijykynä
Des Stylos	Kynät
Déjeuner	Lounas
Dossiers	Kansio
Enseignant	Opettaja
Examens	Kokeet
Livres	Kirjat
Math	Matematiikka
Nombres	Numero
Papier	Paperi
Quiz	Tietokilpailu
Réponses	Vastauksia
Salle de Classe	Luokkahuone

École #2
Koulu nro 2

Activités	Toiminta
Apprentissage	Oppiminen
Bibliothèque	Kirjasto
Bus	Bussi
Calendrier	Kalenteri
Chaussures	Kengät
Ciseaux	Sakset
Crayon	Lyijykynä
Dictionnaire	Sanakirja
Enseignant	Opettaja
Éducation	Koulutus
Grammaire	Kielioppi
Jeux	Pelit
Lecture	Lukeminen
Littérature	Kirjallisuus
Livres	Kirjat
Math	Matematiikka
Ordinateur	Tietokone
Papier	Paperi
Science	Tiede

Écologie
Ekologia

Bénévoles	Frivillige
Climat	Ilmasto
Communautés	Yhteisö
Durable	Kestävä
Espèce	Lajit
Faune	Eläimistö
Flore	Kasvisto
Marais	Suo
Marin	Meri
Montagnes	Vuoret
Nature	Luonto
Naturel	Luonnollinen
Plantes	Kasvit
Ressources	Resurssi
Sécheresse	Kuivuus
Survie	Selviytyminen
Végétation	Kasvillisuus

Émotions
Tunteita

Amour	Rakkaus
Calme	Rauhallinen
Colère	Suututtaa
Contenu	Sisältö
Détendu	Rento
Ennui	Ikävystyminen
Excité	Innoissaan
Gentillesse	Ystävällisyys
Joie	Ilo
Paix	Rauha
Peur	Pelko
Reconnaissant	Kiitollinen
Relief	Helpotus
Satisfait	Tyytyväinen
Surprise	Yllätys
Sympathie	Myötätunto
Tendresse	Hellyys
Tranquillité	Rauhallisuus
Tristesse	Surullisuus

Épices
Mausteita

Aigre	Hapan
Ail	Valkosipuli
Amer	Katkera
Anis	Anis
Cannelle	Kaneli
Cardamome	Kardemumma
Coriandre	Korianteri
Cumin	Kumina
Curcuma	Kurkuma
Curry	Curry
Fenouil	Fenkoli
Gingembre	Inkivääri
Oignon	Sipuli
Paprika	Paprika
Poivre	Pippuri
Réglisse	Lakritsi
Safran	Maustesahrami
Saveur	Maku
Sel	Suola
Vanille	Vanilja

Été
Kesä

Amis	Ystävä
Camping	Camping
Étoiles	Tähti
Famille	Perhe
Jardin	Puutarha
Jeux	Pelit
Joie	Ilo
Livres	Kirjat
Loisir	Vapaa
Mer	Meri
Musique	Musiikki
Nourriture	Ruoka
Plage	Ranta
Plongée	Sukellus
Relaxation	Rentoutuminen
Sandales	Sandaalit
Vacances	Loma
Voyage	Matkustaa

Famille
Perhe

Ancêtre	Stamfar
Cousin	Serkku
Enfance	Lapsuus
Enfant	Lapsi
Enfants	Lapset
Femme	Vaimo
Fille	Tytär
Frère	Veli
Grand-Mère	Isoäiti
Grand-Père	Isoisä
Mari	Mies
Maternel	Äidin
Mère	Äiti
Neveu	Veljenpoika
Nièce	Veljentytär
Oncle	Setä
Paternel	Isän
Père	Isä
Soeur	Sisko
Tante	Täti

Ferme #1
Maatila nro 1

Abeille	Mehiläinen
Agriculture	Maatalous
Âne	Aasi
Bison	Biison
Champ	Kenttä
Chat	Kissa
Cheval	Hevonen
Chèvre	Vuohi
Chien	Koira
Clôture	Aita
Corbeau	Varis
Eau	Vesi
Engrais	Lannoite
Foin	Heinä
Miel	Hunaja
Poulet	Kana
Riz	Riisi
Troupeau	Parvi
Vache	Lehmä
Veau	Vasikka

Ferme #2
Maatila # 2

Agneau	Karitsa
Agriculteur	Viljelijä
Animaux	Eläimet
Berger	Paimen
Blé	Vehnä
Canard	Ankka
Fruit	Hedelmä
Grange	Lato
Irrigation	Kastelu
Lait	Maito
Lama	Laama
Légume	Vihannes
Maïs	Maissi
Mouton	Lammas
Nourriture	Ruoka
Orge	Ohra
Pré	Niitty
Ruche	Mehiläispesä
Tracteur	Traktori
Verger	Hedelmätarha

Fleurs
Kukkia

Bouquet	Kimppu
Gardénia	Gardenia
Hibiscus	Hibiscus
Jasmin	Jasmiini
Lavande	Laventeli
Lilas	Liila
Lys	Lilja
Magnolia	Magnolia
Marguerite	Päivänkakkara
Orchidée	Orkidea
Pavot	Unikko
Pétale	Terälehti
Pissenlit	Voikukka
Pivoine	Pioni
Plumeria	Plumeria
Rose	Ruusu
Tournesol	Auringonkukka
Trèfle	Apila
Tulipe	Tulppaani

Forêt Tropicale
Sademetsää

Climat	Ilmasto
Communauté	Yhteisö
Espèce	Lajit
Insectes	Insekter
Jungle	Viidakko
Mammifères	Nisäkkäät
Mousse	Sammal
Nature	Luonto
Nuage	Pilvi
Oiseaux	Lintu
Précieux	Arvokas
Préservation	Säilyttäminen
Refuge	Suunta
Respect	Respekt
Restauration	Entisöinti
Survie	Selviytyminen

Formes
Muodot

Arc	Kaari
Bords	Reunat
Carré	Neliö
Cercle	Ympyrä
Coin	Kulma
Courbe	Käyrä
Cône	Kartio
Côté	Side
Cube	Kuutio
Cylindre	Sylinteri
Ellipse	Ellipsi
Hyperbole	Hyperbeli
Ligne	Linja
Ovale	Soikea
Polygone	Monikulmio
Prisme	Prisma
Pyramide	Pyramidi
Rectangle	Suorakulmio
Triangle	Kolmio

Fournitures d'Art
Taide-Tarvikkeet

Acrylique	Akryyli
Aquarelles	Akvarellit
Argile	Savi
Brosses	Harjat
Caméra	Kamera
Chaise	Tuoli
Chevalet	Maalausteline
Colle	Liima
Couleurs	Väri
Crayons	Kynä
Créativité	Luovuus
Eau	Vesi
Encre	Muste
Gomme	Pyyhekumi
Huile	Öljy
Idées	Ideoita
Papier	Paperi
Peinture	Maalit
Table	Pöytä

Fruit
Hedelmä

Abricot	Aprikoosi
Ananas	Ananas
Avocat	Avokado
Baie	Marja
Banane	Banaani
Cerise	Kirsikka
Citron	Sitruuna
Figue	Viikuna
Framboise	Vadelma
Goyave	Guava
Kiwi	Kiivi
Mangue	Mango
Melon	Meloni
Nectarine	Nektariini
Orange	Oranssi
Pêche	Persikka
Poire	Päärynä
Pomme	Omena
Prune	Luumu
Raisin	Rypäle

Géographie
Maantiede

Altitude	Korkeus
Atlas	Atlas
Carte	Kartta
Continent	Maanosa
Fleuve	Joki
Hémisphère	Halvkule
Île	Saari
Latitude	Leveysaste
Longitude	Pituusaste
Mer	Meri
Méridien	Meridiaani
Monde	Maailma
Montagne	Vuori
Nord	Pohjoinen
Océan	Valtameri
Ouest	Länsi
Pays	Maassa
Région	Alue
Sud	Etelä
Ville	Kaupunki

Géologie
Geologia

Acide	Happo
Calcium	Kalsium
Caverne	Luola
Continent	Maanosa
Corail	Koralli
Couche	Kerros
Cristaux	Crystal
Érosion	Eroosio
Fondu	Sula
Fossile	Fossiili
Geyser	Geysir
Lave	Lava
Minéraux	Mineraali
Pierre	Kivi
Plateau	Tasanko
Quartz	Kvartsi
Sel	Suola
Stalactite	Stalactite
Volcan	Volcano
Zone	Vyöhyke

Herboristerie
Herbalismi

Ail	Valkosipuli
Aromatique	Aromaattinen
Basilic	Basilika
Bénéfique	Hyödyllinen
Culinaire	Kulinaarinen
Estragon	Rakuuna
Fenouil	Fenkoli
Fleur	Kukka
Ingrédient	Ainesosa
Jardin	Puutarha
Lavande	Laventeli
Marjolaine	Meirami
Menthe	Minttu
Persil	Persilja
Qualité	Laatu
Romarin	Rosmariini
Safran	Maustesahrami
Saveur	Maku
Thym	Timjami
Vert	Vihreä

Insectes
Hyönteiset

Abeille	Mehiläinen
Cafard	Torakka
Cigale	Cicada
Coccinelle	Leppäkerttu
Criquet	Gresshoppe
Fourmi	Muurahainen
Frelon	Hornet
Guêpe	Ampiainen
Larve	Toukka
Libellule	Sudenkorento
Mante	Sirkka
Moustique	Hyttynen
Papillon	Perhonen
Puce	Kirppu
Puceron	Kirva
Sauterelle	Heinäsirkka
Termite	Termiitti
Ver	Mato

Instruments de Musique
Soittimet

Banjo	Banjo
Basson	Fagotti
Clarinette	Klarinetti
Flûte	Huilu
Gong	Gong
Guitare	Kitara
Harmonica	Huuliharppu
Harpe	Harppu
Hautbois	Oboe
Mandoline	Mandoliini
Marimba	Marimba
Piano	Piano
Saxophone	Saksofoni
Tambour	Rumpu
Tambourin	Tamburiini
Trombone	Pasuuna
Trompette	Trumpetti
Violon	Viulu
Violoncelle	Sello

Jardin
Puutarha

Arbre	Puu
Banc	Penkki
Buisson	Puska
Clôture	Aita
Étang	Lampi
Fleur	Kukka
Garage	Autotalli
Hamac	Riippumatto
Herbe	Ruoho
Jardin	Puutarha
Mauvaises Herbes	Ugress
Pelle	Lapio
Pelouse	Nurmikko
Porche	Kuisti
Râteau	Rake
Sol	Maaperä
Terrasse	Terassi
Trampoline	Trampoliini
Tuyau	Letku
Verger	Hedelmätarha

Jouets
Lelut

Argile	Savi
Artisanat	Veneet
Avion	Lentokone
Balle	Pallo
Bateau	Vene
Camion	Kuka
Cerf-Volant	Leija
Échecs	Shakki
Favori	Suosikki
Imagination	Mielikuvitus
Jeux	Pelit
Livres	Kirjat
Peinture	Maalit
Poupée	Nukke
Puzzle	Palapeli
Robot	Robotti
Tambours	Rummut
Train	Kouluttaa
Vélo	Polkupyörä
Voiture	Auto

Jours et Mois
Päivät ja Kuukaudet

Août	Elokuu
Avril	Huhtikuu
Calendrier	Kalenteri
Dimanche	Sunnuntai
Février	Helmikuu
Janvier	Tammikuu
Jeudi	Torstai
Juillet	Heinäkuu
Juin	Kesäkuu
Lundi	Maanantai
Mardi	Tiistai
Mars	Maaliskuu
Mercredi	Keskiviikko
Mois	Kuukausi
Novembre	Marraskuu
Octobre	Lokakuu
Samedi	Lauantai
Semaine	Viikko
Septembre	Syyskuu
Vendredi	Perjantai

Les Abeilles
Mehiläiset

Ailes	Siivet
Bénéfique	Hyödyllinen
Cire	Parafiini
Essaim	Parvi
Écosystème	Ekosysteemi
Fleur	Kukka
Fleurs	Kukat
Fruit	Hedelmä
Fumée	Savu
Insecte	Hyönteinen
Jardin	Puutarha
Miel	Hunaja
Nourriture	Ruoka
Plantes	Kasvit
Pollen	Siitepöly
Pollinisateur	Pollinator
Reine	Kuningatar
Ruche	Pesä
Soleil	Aurinko

Légumes
Vihannekset

Ail	Valkosipuli
Artichaut	Artisokka
Aubergine	Munakoiso
Brocoli	Parsakaali
Carotte	Porkkana
Céleri	Selleri
Champignon	Sieni
Citrouille	Kurpitsa
Concombre	Kurkku
Échalote	Salottisipuli
Épinard	Pinaatti
Gingembre	Inkivääri
Navet	Nauris
Oignon	Sipuli
Olive	Oliivi
Persil	Persilja
Pois	Herne
Radis	Retiisi
Salade	Salaatti
Tomate	Tomaatti

Littérature
Kirjallisuus

Analogie	Analogia
Analyse	Analyysi
Anecdote	Anekdootti
Auteur	Tekijä
Biographie	Elämäkerta
Comparaison	Vertailu
Conclusion	Päätelmä
Description	Kuvaus
Dialogue	Dialog
Fiction	Fiktiota
Métaphore	Metafora
Narrateur	Kertoja
Poème	Runo
Poétique	Runollinen
Rime	Loppusointu
Roman	Romaani
Rythme	Rytmi
Style	Tyyli
Thème	Teema
Tragédie	Tragedia

Livres
Kirjat

Auteur	Tekijä
Aventure	Seikkailu
Collection	Kokoelma
Contexte	Konteksti
Dualité	Kaksinaisuus
Écrit	Skriftlig
Épique	Eeppinen
Histoire	Tarina
Humoristique	Humoristinen
Immersion	Upotus
Inventif	Kekseliäs
Lecteur	Lukija
Narrateur	Kertoja
Page	Sivu
Pertinent	Relevaantia
Poème	Runo
Poésie	Runous
Roman	Romaani
Série	Sarja
Tragique	Traaginen

Maison
Talo

Balai	Luuta
Bibliothèque	Kirjasto
Chambre	Huone
Cheminée	Takka
Clés	Nøkler
Clôture	Aita
Cuisine	Keittiö
Douche	Suihku
Fenêtre	Ikkuna
Garage	Autotalli
Grenier	Ullakko
Jardin	Puutarha
Lampe	Lamppu
Miroir	Peili
Mur	Seinä
Porte	Ovi
Rideaux	Verhot
Sous-Sol	Kellari
Tapis	Matto
Toit	Katto

Mammifères
Merinisäkkäiden

Baleine	Valas
Chat	Kissa
Cheval	Hevonen
Chien	Koira
Coyote	Kojootti
Dauphin	Delfiini
Éléphant	Norsu
Girafe	Kirahvi
Gorille	Gorilla
Kangourou	Kenguru
Lapin	Kani
Lion	Leijona
Loup	Susi
Mouton	Lammas
Ours	Karhu
Renard	Kettu
Singe	Apina
Taureau	Härkä
Tigre	Tiikeri
Zèbre	Seepra

Mathématiques
Matematiikka

Angles	Kulmat
Arithmétique	Aritmeettinen
Carré	Neliö
Circonférence	Ympärysmitta
Décimal	Desimaali
Diamètre	Halkaisija
Exposant	Eksponentti
Équation	Yhtälö
Fraction	Jae
Géométrie	Geometria
Parallèle	Rinnakkainen
Parallélogramme	Suunnikas
Périmètre	Kehä
Polygone	Monikulmio
Rayon	Säde
Rectangle	Suorakulmio
Somme	Summa
Symétrie	Symmetria
Triangle	Kolmio
Volume	Tilavuus

Mesures
Mittaus

Centimètre	Senttimetri
Degré	Aste
Décimal	Desimaali
Gramme	Gramma
Hauteur	Korkeus
Kilogramme	Kilogramma
Kilomètre	Kilometri
Largeur	Leveys
Litre	Litra
Longueur	Pituus
Masse	Massa
Mètre	Mittari
Minute	Minuutti
Octet	Tavu
Once	Unssi
Poids	Paino
Pouce	Tuuma
Profondeur	Syvyys
Tonne	Tonni
Volume	Tilavuus

Meubles
Huonekalut

Armoire	Armoire
Banc	Penkki
Bibliothèque	Kirjahylly
Bureau	Työpöytä
Canapé	Sohva
Chaise	Tuoli
Coussins	Tyynyt
Étagères	Hyllyt
Fauteuil	Nojatuoli
Futon	Futon
Hamac	Riippumatto
Lampe	Lamppu
Lit	Sänky
Matelas	Patja
Miroir	Peili
Oreiller	Tyyny
Rideaux	Verhot
Tapis	Matto

Méditation
Meditaatio

Acceptation	Hyväksyminen
Attention	Huomio
Calme	Rauhallinen
Clarté	Selkeys
Compassion	Myötätunto
Esprit	Mieli
Émotions	Tunne
Éveillé	Hereillä
Gentillesse	Ystävällisyys
Gratitude	Kiitollisuus
Mental	Henkistä
Mouvement	Liike
Musique	Musiikki
Nature	Luonto
Observation	Havainto
Paix	Rauha
Perspective	Näkökulma
Posture	Ryhti
Respiration	Hengitys
Silence	Hiljaisuus

Météo
Sää

Arc-En-Ciel	Sateenkaari
Atmosphère	Ilmainen
Brouillard	Sumu
Calme	Rauhallinen
Ciel	Taivas
Climat	Ilmasto
Glace	Jään
Inondation	Tulva
Mousson	Monsuuni
Nuage	Pilvi
Ouragan	Hurrikaani
Polaire	Polar
Sec	Kuiva
Sécheresse	Kuivuus
Température	Lämpötila
Tempête	Myrsky
Tonnerre	Ukkonen
Tornade	Tornado
Tropical	Trooppinen
Vent	Tuuli

Mythologie
Mytologia

Archétype	Arketype
Catastrophe	Katastrofi
Création	Luominen
Créature	Olento
Croyances	Uskomukset
Culture	Kulttuuri
Divinités	Jumalat
Éclair	Salama
Force	Vahvuus
Guerrier	Soturi
Héroïne	Sankaritar
Héros	Sankari
Jalousie	Kateus
Labyrinthe	Labyrintti
Légende	Legenda
Magique	Maaginen
Monstre	Hirviö
Mortel	Kuolevainen
Tonnerre	Ukkonen
Vengeance	Kosto

Nature
Luonto

Abeilles	Mehiläinen
Abri	Suoja
Animaux	Eläimet
Arctique	Arktinen
Beauté	Kauneus
Brouillard	Sumu
Désert	Aavikko
Dynamique	Dynaaminen
Érosion	Eroosio
Feuillage	Lehtien
Fleuve	Joki
Forêt	Metsä
Glacier	Jäätikkö
Montagnes	Vuoret
Nuage	Pilvi
Sanctuaire	Pyhäkkö
Sauvage	Villi
Serein	Rauhallinen
Tropical	Trooppinen
Vital	Tärkeä

Nombres
Numerot

Cinq	Viisi
Deux	Kaksi
Décimal	Desimaali
Dix	Kymmenen
Douze	Kaksitoista
Huit	Kahdeksan
Math	Matematiikka
Neuf	Yhdeksän
Quatorze	Neljätoista
Quatre	Neljä
Quinze	Viisitoista
Seize	Kuusitoista
Sept	Seitsemän
Six	Kuusi
Treize	Kolmetoista
Trois	Kolme
Un	Yksi
Vingt	Kaksikymmentä
Zéro	Nolla

Nourriture #1
Ruoka #1

Ail	Valkosipuli
Basilic	Basilika
Café	Kahvi
Cannelle	Kaneli
Carotte	Porkkana
Citron	Sitruuna
Épinard	Pinaatti
Fraise	Mansikka
Jus	Mehu
Lait	Maito
Navet	Nauris
Oignon	Sipuli
Orge	Ohra
Poire	Päärynä
Salade	Salaatti
Sel	Suola
Soupe	Suppe
Sucre	Sokeri
Thon	Tunfisk
Viande	Liha

Nourriture #2
Ruoka #2

Amande	Manteli
Aubergine	Munakoiso
Banane	Banaani
Blé	Vehnä
Brocoli	Parsakaali
Cerise	Kirsikka
Céleri	Selleri
Champignon	Sieni
Chocolat	Suklaa
Jambon	Kinkku
Kiwi	Kiivi
Mangue	Mango
Oeuf	Muna
Pain	Leipä
Poisson	Kala
Pomme	Omena
Poulet	Kana
Raisin	Rypäle
Riz	Riisi
Tomate	Tomaatti

Nutrition
Ravitsemus

Amer	Katkera
Appétit	Ruokahalu
Calories	Kalori
Comestible	Syötävä
Diète	Ruokavalio
Digestion	Ruoansulatus
Épices	Mausteet
Équilibré	Tasapainoinen
Fermentation	Käyminen
Glucides	Karbohydrater
Liquides	Nesteet
Poids	Paino
Protéines	Proteiini
Qualité	Laatu
Sain	Terve
Santé	Terveys
Sauce	Kastike
Saveur	Maku
Toxine	Myrkky
Vitamine	Vitamiini

Océan
Valtameri

Anguille	Ankerias
Baleine	Valas
Bateau	Vene
Corail	Koralli
Crabe	Rapu
Crevette	Katkaravut
Dauphin	Delfiini
Éponge	Sieni
Huître	Osteri
Marées	Tidevann
Méduse	Manet
Poisson	Kala
Poulpe	Mustekala
Requin	Hai
Récif	Riutta
Sel	Suola
Tempête	Myrsky
Thon	Tunfisk
Tortue	Kilpikonna
Vagues	Aalto

Oiseaux
Linnut

Aigle	Kotka
Autruche	Strutsi
Canard	Ankka
Canari	Kanarifugl
Cigogne	Haikara
Corbeau	Varis
Coucou	Käki
Cygne	Joutsen
Flamant	Flamingo
Manchot	Pingviini
Moineau	Varpunen
Mouette	Lokki
Oeuf	Muna
Oie	Hanhi
Paon	Riikinkukko
Perroquet	Papukaija
Pélican	Pelikaani
Pigeon	Kyyhkynen
Poulet	Kana
Toucan	Toukaanin

Pays #2
Maat #2

Albanie	Albania
Chine	Kiina
Danemark	Tanska
France	Ranska
Haïti	Haiti
Indonésie	Indonesia
Irlande	Irlanti
Jamaïque	Jamaika
Japon	Japani
Kenya	Kenia
Laos	Laos
Liban	Libanon
Mexique	Meksiko
Ouganda	Uganda
Pakistan	Pakistan
Russie	Venäjä
Somalie	Somalia
Soudan	Sudan
Syrie	Syyria
Ukraine	Ukraina

Paysages
Maisemat

Cascade	Vesiputous
Colline	Mäki
Désert	Aavikko
Estuaire	Suisto
Fleuve	Joki
Geyser	Geysir
Glacier	Jäätikkö
Grotte	Luola
Iceberg	Jäävuori
Île	Saari
Lac	Järvi
Marais	Suo
Mer	Meri
Montagne	Vuori
Oasis	Keidas
Péninsule	Niemimaa
Plage	Ranta
Toundra	Tundra
Vallée	Laakso
Volcan	Volcano

Pêche
Kalastus

Appât	Syötti
Bateau	Vene
Branchies	Gjellene
Crochet	Koukku
Cuire	Kokki
Eau	Vesi
Exagération	Overdrivelse
Équipement	Laitteet
Fleuve	Joki
Lac	Järvi
Mâchoire	Leuka
Océan	Valtameri
Panier	Kori
Patience	Tålmodighet
Plage	Ranta
Poids	Paino
Saison	Kausi

Pirates
Merirosvot

Ancre	Ankkuri
Aventure	Seikkailu
Capitaine	Kapteeni
Carte	Kartta
Cicatrice	Arpi
Danger	Vaara
Drapeau	Lippu
Épée	Miekka
Équipage	Miehistö
Grotte	Luola
Île	Saari
Légende	Legenda
Mauvais	Huono
Océan	Valtameri
Or	Kulta
Perroquet	Papukaija
Pièces	Kolikot
Plage	Ranta
Rhum	Rommi
Trésor	Aarre

Plage
Rannalle

Bateau	Vene
Bleu	Sininen
Côte	Rannikko
Crabe	Rapu
Dock	Telakka
Île	Saari
Lagune	Laguuni
Mer	Meri
Océan	Valtameri
Parapluie	Sateenvarjo
Récif	Riutta
Sable	Hiekka
Sandales	Sandaalit
Serviette	Pyyhe
Soleil	Aurinko
Vacances	Loma
Voilier	Purjevene

Plantes
Kasveja

Arbre	Puu
Baie	Marja
Bambou	Bambu
Botanique	Kasvitiede
Buisson	Puska
Cactus	Kaktus
Engrais	Lannoite
Feuillage	Lehtien
Fleur	Kukka
Flore	Kasvisto
Forêt	Metsä
Grandir	Kasvaa
Haricot	Papu
Herbe	Ruoho
Jardin	Puutarha
Lierre	Muratti
Mousse	Sammal
Pétale	Terälehti
Racine	Juuri
Végétation	Kasvillisuus

Professions #1
Ammatit nro 1

Artiste	Taiteilija
Avocat	Asianajaja
Banquier	Pankkiiri
Bijoutier	Kultaseppä
Cartographe	Kartografi
Chasseur	Metsästäjä
Comptable	Kirjanpitäjä
Danseur	Tanssija
Entraîneur	Valmentaja
Éditeur	Redaktør
Géologue	Geologi
Infirmière	Hoitaja
Médecin	Lääkäri
Musicien	Muusikko
Pianiste	Pianisti
Plombier	Putkimies
Pompier	Palomies
Psychologue	Psykologi
Scientifique	Tiedemies
Vétérinaire	Eläinlääkäri

Professions #2
Ammatit #2

Agriculteur	Viljelijä
Astronaute	Astronautti
Biologiste	Biologi
Chercheur	Tutkija
Chirurgien	Kirurgi
Dentiste	Hammaslääkäri
Détective	Etsivä
Enseignant	Opettaja
Éditeur	Kustantaja
Illustrateur	Kuvittaja
Ingénieur	Insinööri
Inventeur	Keksijä
Jardinier	Puutarhuri
Journaliste	Toimittaja
Médecin	Lääkäri
Peintre	Taidemaalari
Philosophe	Filosofi
Photographe	Valokuvaaja
Pilote	Pilotti
Professeur	Professori

Randonnée
Patikointi

Animaux	Eläimet
Bottes	Saappaat
Camping	Camping
Carte	Kartta
Climat	Ilmasto
Dangers	Vaarat
Eau	Vesi
Falaise	Kallio
Fatigué	Väsynyt
Lourd	Raskas
Météo	Sää
Montagne	Vuori
Nature	Luonto
Orientation	Suunta
Parcs	Puistot
Pierres	Kivi
Sauvage	Villi
Soleil	Aurinko
Sommet	Kokous

Remplir
Täyttää

Baril	Tynnyri
Bouteille	Pullo
Carton	Kartonki
Dossier	Kansio
Enveloppe	Kirjekuori
Navire	Alus
Panier	Kori
Paquet	Paketti
Plateau	Tarjotin
Poche	Tasku
Pot	Purkki
Sac	Laukku
Seau	Ämpäri
Tiroir	Laatikko
Tube	Putki
Valise	Matkalaukku
Vase	Maljakko

Restaurant #1
Ravintola nro 1

Allergie	Allergia
Assiette	Levy
Bol	Kulho
Café	Kahvi
Couteau	Veitsi
Cuisine	Keittiö
Dessert	Jälkiruoka
Épicé	Mausteinen
Ingrédients	Aine
Menu	Valikko
Nourriture	Ruoka
Pain	Leipä
Poulet	Kana
Réservation	Varaus
Sauce	Kastike
Serveuse	Tarjoilija
Serviette	Lautasliina
Viande	Liha

Restaurant #2
Ravintola nro 2

Boisson	Juoma
Chaise	Tuoli
Cuillère	Lusikka
Déjeuner	Lounas
Délicieux	Herkullinen
Dîner	Illallinen
Eau	Vesi
Épices	Mausteet
Fourchette	Haarukka
Fruit	Hedelmä
Gâteau	Kakku
Glace	Jään
Légumes	Vihannes
Nouilles	Nuudelit
Oeuf	Munat
Poisson	Kala
Salade	Salaatti
Sel	Suola
Serveur	Tarjoilija
Soupe	Suppe

Salle de Bains
Kylpyhuone

Bain	Kylpy
Bulles	Kuplia
Ciseaux	Sakset
Douche	Suihku
Eau	Vesi
Éponge	Sieni
Lotion	Voide
Miroir	Peili
Parfum	Hajuvesi
Robinet	Hana
Savon	Saippua
Serviette	Pyyhe
Shampooing	Shampoo
Tapis	Matto
Toilette	Wc
Vapeur	Höyry

Science
Tiede

Atome	Atomi
Chimique	Kemiallinen
Climat	Ilmasto
Données	Tiedot
Expérience	Koe
Évolution	Evoluutio
Fait	Tosiasia
Fossile	Fossiili
Gravité	Painovoima
Hypothèse	Hypoteesi
Laboratoire	Laboratorio
Méthode	Menetelmä
Minéraux	Mineraali
Molécules	Molekyyli
Nature	Luonto
Observation	Havainto
Organisme	Organismi
Particules	Hiukset
Physique	Fysiikka
Scientifique	Tiedemies

Science-Fiction
Tieteiskirjallisuus

Cinéma	Elokuva
Dystopie	Dystopia
Explosion	Räjähdys
Extrême	Äärimmäinen
Fantastique	Fantastinen
Feu	Antaa Potkut
Futuriste	Futuristinen
Galaxie	Galaksi
Illusion	Illuusio
Livres	Kirjat
Lointain	Kaukainen
Monde	Maailma
Mystérieux	Salaperäinen
Oracle	Oraakkeli
Planète	Planeetta
Réaliste	Realistinen
Robots	Robotti
Scénario	Skenaario
Technologie	Teknologia
Utopie	Utopia

Sports
Urheilu

Arbitre	Tuomari
Athlète	Urheilija
Base-Ball	Baseball
Basket-Ball	Koripallo
Championnat	Mestaruus
Entraîneur	Valmentaja
Équipe	Tiimi
Gagnant	Voittaja
Golf	Golf
Gymnase	Kuntosali
Gymnastique	Voimistelu
Hockey	Jääkiekko
Jeu	Peli
Joueur	Pelaaja
Mouvement	Liike
Stade	Stadion
Tennis	Tennis
Vélo	Polkupyörä

Surf
Surffausta

Amusement	Hauskaa
Athlète	Urheilija
Champion	Mestari
Débutant	Aloittelija
Estomac	Vatsa
Extrême	Äärimmäinen
Force	Vahvuus
Foules	Joukkoja
Météo	Sää
Mousse	Vaahto
Océan	Valtameri
Plage	Ranta
Populaire	Suosittu
Récif	Riutta
Style	Tyyli
Vague	Aalto
Vitesse	Nopeus

Technologie
Teknologia

Blog	Blogi
Caméra	Kamera
Curseur	Kursori
Données	Tiedot
Écran	Näyttö
Fichier	Tiedosto
Internet	Internet
Logiciel	Ohjelmisto
Message	Viesti
Navigateur	Selain
Numérique	Digitaalinen
Octets	Tavua
Ordinateur	Tietokone
Police	Fontti
Recherche	Tutkimus
Sécurité	Turvallisuus
Statistiques	Tilastot
Virtuel	Virtuaalinen
Virus	Virus

Temps
Aika

Année	Vuosi
Après	Jälkeen
Aujourd'Hui	Tänään
Avant	Ennen
Bientôt	Pian
Calendrier	Kalenteri
Décennie	Vuosikymmen
Futur	Tulevaisuus
Heure	Tunnin
Hier	Eilen
Horloge	Kello
Jour	Päivä
Maintenant	Nyt
Matin	Aamu
Midi	Keskipäivä
Minute	Minuutti
Mois	Kuukausi
Nuit	Yö
Semaine	Viikko
Siècle	Vuosisata

Types de Cheveux
Hiusten Tyypit

Argent	Hopea
Blanc	Valkoinen
Blond	Vaalea
Boucles	Kiharat
Brillant	Kiiltävä
Chauve	Kalju
Coloré	Värillinen
Court	Lyhyt
Doux	Pehmeä
Épais	Paksu
Frisé	Kihara
Gris	Harmaa
Long	Pitkä
Marron	Ruskea
Mince	Ohut
Noir	Musta
Ondulé	Aaltoileva
Sain	Terve
Sec	Kuiva
Tressé	Punottu

Vacances #2
Loma #2

Aéroport	Lufthavn
Camping	Camping
Carte	Kartta
Destination	Kohde
Étranger	Ulkomaalainen
Hôtel	Hotelli
Île	Saari
Loisir	Vapaa
Mer	Meri
Passeport	Passi
Plage	Ranta
Restaurant	Ravintola
Réservations	Varaukset
Taxi	Taksi
Tente	Teltta
Train	Kouluttaa
Transport	Kuljetus
Vacances	Loma
Visa	Viisumi
Voyage	Matka

Vertus #1
Hyveet osa 1

Artistique	Taiteellinen
Bon	Hyvä
Charmant	Viehättävä
Curieux	Utelias
Décisif	Ratkaiseva
Drôle	Hauska
Efficace	Tehokas
Fiable	Luotettava
Généreux	Antelias
Indépendant	Riippumaton
Intelligent	Älykäs
Modeste	Vaatimaton
Passionné	Intohimoinen
Patient	Potilas
Pratique	Praktisk
Propre	Puhdas
Sage	Viisas
Utile	Hyödyllinen

Véhicules
Ajoneuvot

Ambulance	Ambulanssi
Avion	Lentokone
Bateau	Vene
Bus	Bussi
Camion	Kuka
Fusée	Raketti
Hélicoptère	Helikopteri
Métro	Metro
Moteur	Moottori
Navette	Sukkula
Pneus	Renkaat
Radeau	Lautta
Scooter	Scooter
Sous-Marin	Sukellusvene
Taxi	Taksi
Tracteur	Traktori
Train	Kouluttaa
Van	Varebil
Vélo	Polkupyörä
Voiture	Auto

Vêtements
Vaatteensa

Bijoux	Korut
Bracelet	Armbånd
Ceinture	Vyö
Chapeau	Hattu
Chaussure	Kenkä
Chemise	Paita
Chemisier	Pusero
Collier	Kaulakoru
Foulard	Huivi
Gants	Käsineet
Jeans	Farkut
Jupe	Hame
Mode	Muoti
Pantalon	Housut
Pull	Villapaita
Pyjama	Pyjama
Robe	Mekko
Sandales	Sandaalit
Tablier	Esiliina
Veste	Takki

Ville
Kaupunki

Aéroport	Lufthavn
Banque	Pankki
Bibliothèque	Kirjasto
Boulangerie	Leipomo
Cinéma	Elokuva
Clinique	Klinikka
École	Koulu
Galerie	Galleria
Hôtel	Hotelli
Librairie	Kirjakauppa
Marché	Markkina
Musée	Museo
Pharmacie	Apteekki
Restaurant	Ravintola
Salon	Salonki
Stade	Stadion
Supermarché	Supermarket
Théâtre	Teatteri
Université	Yliopisto
Zoo	Eläintarha

Félicitations

Vous avez réussi !

Nous espérons que vous avez apprécié ce livre autant que nous avons pris plaisir à le concevoir. Nous faisons de notre mieux pour créer des livres de la meilleure qualité possible.
Cette édition est conçue pour permettre un apprentissage intelligent et de qualité en se divertissant !

Vous avez aimé ce livre ?

Une Simple Demande

Nos livres existent grâce aux avis que vous publiez. Pourriez-vous nous aider en laissant un avis maintenant ?

Voici un lien rapide qui vous mènera à votre page d'évaluation de vos commandes :

BestBooksActivity.com/Avis50

CHALLENGE FINAL !

Défi n°1

Êtes-vous prêt pour votre jeu bonus ? Nous les utilisons tout le temps mais ils ne sont pas si faciles à trouver. Voici les **Synonymes** !

Notez 5 mots que vous avez trouvés dans les puzzles notés ci-dessous (n°21, n°36, n°76) et essayez de trouver 2 synonymes pour chaque mot.

Notez 5 Mots du **Puzzle 21**

Mots	Synonyme 1	Synonyme 2

Notez 5 Mots du **Puzzle 36**

Mots	Synonyme 1	Synonyme 2

Notez 5 Mots du **Puzzle 76**

Mots	Synonyme 1	Synonyme 2

Défi n°2

Maintenant que vous vous êtes échauffé, notez 5 mots que vous avez découverts dans les Puzzles n° 9, n° 17, n° 25 et essayez de trouver 2 antonymes pour chaque mot. Combien pouvez-vous en trouver en 20 minutes ?

*Notez 5 Mots du **Puzzle 9***

Mots	Antonyme 1	Antonyme 2

*Notez 5 Mots du **Puzzle 17***

Mots	Antonyme 1	Antonyme 2

*Notez 5 Mots du **Puzzle 25***

Mots	Antonyme 1	Antonyme 2

Défi n°3

Formidable ! Ce défi final n'est rien pour vous.

Prêt pour le dernier défi ? Choisissez 10 mots que vous avez découverts parmi les différents puzzles et notez-les ci-dessous.

1.	6.
2.	7.
3.	8.
4.	9.
5.	10.

Maintenant, composez un texte en pensant à une personne, un animal ou un lieu que vous aimez !

Astuce: Vous pouvez utiliser la dernière page de ce livre comme brouillon !

Votre Composition :

CARNET DE NOTES :

À TRÈS BIENTÔT !

Toute l'équipe

DECOUVREZ DES JEUX GRATUITS

GO

↓

BESTACTIVITYBOOKS.COM/FREEGAMES

www.ingramcontent.com/pod-product-compliance
Lightning Source LLC
Chambersburg PA
CBHW082205120626
46553CB00010B/3014